지식은 개인에서 개인에게로 전해지지만
지혜는 세대에서 세대로 전해진다

_____님의
소중한 자녀
행복한 부자로 키우세요

우리 아이 행복한 부자로 키우는

유태인식 경제교육

우리 아이 행복한 부자로 키우는
유태인식 경제교육

첫판 3쇄 펴낸날 2015년 3월 25일

지은이 | 문미화 · 민병훈
기획 | 한성출판기획
펴낸이 | 은보람
펴낸곳 | 도서출판 달과소
출판등록 | 2010년 6월 21일 제2010-000054호
주소 | (우)140-902 서울시 용산구 후암동 403-15
전화 | 02-752-1895
팩스 | 02-752-1896
전자우편 | book@dalgwaso.com
홈페이지 | www.dalgwaso.com

북디자인 | 김윤남 디자인
일러스트 | 조영남
찍은곳 | 한빛인쇄

ISBN 978-89-91223-34-9 03370

＊이 책은 달과소가 저작권자와의 계약에 따라 발행한 것이므로 무단 전재와 무단 복제를 금합니다.
＊책값은 뒤표지에 적혀 있습니다.
＊잘못된 책은 구입하신 곳에서 바꾸어 드립니다.

우리 아이 행복한 부자로 키우는

유태인식 경제교육

문미화 · 민병훈 지음

달과소

| 추천의 글 |

한국 경제는 세계적인 경제 호황의 거품이 걷히기 시작하면서 IMF 위기를 맞아야 했고, 최근까지도 장기화된 경제 불황과 경기 침체에 시달리고 있다. 우리가 이렇게 경제 문제로 힘들어 할 때 유태인들은 세계 금융 시장과 정보 통신사업, 언론 및 문화산업 등 21세기 핵심 산업에서 뛰어난 리더로 자리 잡고 있다.

시련의 역사를 끝내고 나라를 되찾은 시기까지 비슷한 이스라엘과 한국, 유태인과 한국인 사이에 드러나고 있는 경제 현실의 극명한 대비는 어디에서 비롯되고 있는 것일까.

이 책은 바로 이러한 의구심에 대해서 해답을 제공하고 있다. 두 민족의 전혀 다른 경제적 현실은 바로 두 민족의 너무나 다른 가정교육 전통

속에서 이미 잉태되고 있었다는 사실을 유태인들의 교육 전통과 개별적인 사례들을 통해서 보여주고 있기 때문이다.

　자녀가 어릴 때 부모가 가정에서 행하는 교육은 아이의 일생을 좌우한다. 그런데도 우리 한국의 부모들은 어린 자녀들을 위한 경제 교육에 많은 관심을 기울이지 못하고 있는 실정이다.

　"어린 녀석이 그렇게 돈만 알아서 뭣에 써!", "황금 보기를 돌 같이 해라." 하는 정도가 우리가 어렸을 때 듣던 경제 교육이지 않았던가. 우리들이 어렸을 때 부모님으로부터 귀에 못이 박히게 듣던 이 말들이 지금의 아이들에게도 똑같이 쓰이고 있는 현실을 볼 때마다 활력을 잃어 가고 있는 지금의 한국 경제가 자꾸만 씁쓸하게 겹쳐진다.

　이래서는 글로벌화된 세계 경제 무대를 이끌어 갈 수 있는 리더를 길러 내기가 어렵다. 이래서는 세계 비즈니스 무대를 쥐락펴락할 수 있는 경제인이 배출될 수가 없다.

　자녀들이 어려서부터, 가정에서부터 제대로 된 경제 교육을 받아 왜곡

되지 않은 경제 논리를 이 땅에 뿌리 내릴 수 있는 인재들로 성장할 수 있도록 하루 빨리 그 토대가 마련되어야 한다.

그런 면에서 이 책은 우리의 자녀들에게 올바른 경제관념과 경제 의식, 그리고 경제 감각을 가르치는 데 도움이 될 만한 수많은 지침들을 유태인들의 교육적 전통과 경제 교육 속에서 벤치마킹하고 있다.

아무쪼록 이 책을 통해서 우리의 부모님들이 자녀의 경제 교육이 얼마나 중요하고 시급한 것인지를 깨달아 이 땅에 올바른 경제 교육과 경제 논리가 확고하게 정립될 수 있는 날이 앞당겨지기를 기대해 본다.

서울대학교 명예교수, 송병락

추천의 글 _ 5

1
기적의 역사를 만들어 온 유태인

세계 역사를 빛낸 유태인들 _ 14
    유태인이란 누구인가? • 18

전 세계 경제를 지배하는 유태인들 _ 20
    유태인들이 세계 경제계를 장악하는 이유 • 24

역사 속에 드러난 유태인의 상업적 재능 – (1) 중세 시대까지 _ 26
    유태인을 데려가자! • 30

역사 속에 드러난 유태인의 상업적 재능 – (2) 근세 이후 _ 32
    유머에서 엿볼 수 있는 유태인의 상업적 발상 • 38

어릴 때부터 경제관념을 심어주는 유태인 _ 39
    로스차일드가의 교훈 • 43

2

유태인 경제 교육의 키워드

민족의 탁월한 상술을 가르쳐라 _ 48
  금전 관리 가르치기 • 52
깨끗한 돈과 더러운 돈의 구별은 없다 _ 55
  돈에 대해서 영악하기보다 현명한 아이로 • 60
계약의 중요성을 일깨워라 _ 63
  용돈은 계약이다 • 68
협상의 강자로 키워라 _ 70
  아이의 돈벌이에도 협상이 필요하다 • 75
시간을 소중히 여기게 하라 _ 77
  시간과 돈의 가치 비교 • 82
약속은 반드시 지키게 하라 _ 89
  경제 교육을 위한 부모의 7가지 원칙 • 89
재치 있는 유머는 돈을 부른다 _ 91
  아이의 소비 욕구에 거짓말 대응은 금물 • 96

3

아이에게 돈의 가치를 일깨워주는 법

돈의 가치는 합리적, 현실적으로 가르쳐라 _ 100
  어느 정도의 용돈이 적당한가? • 105
숫자를 생활 속으로 끌어들여라 _ 107
  일상생활 속의 숫자 교육 • 111
절약과 절제를 가르쳐라 _ 114
  떼쓰는 아이에게 경제관념을 심어주는 교육 • 119

두 개의 저금통을 선물하라 _ 122
　　　선행의 가치 가르치기 • 127
'우리'라는 공공의 개념을 심어주어라 _ 131
　　　아이의 훔치는 버릇 고치기 • 137
푼돈의 가치를 가르쳐라 _ 140
　　　불우이웃을 안 쓰는 동전으로 돕는다? • 145
돈은 좋은 것이다 _ 148
　　　아이들이 생각하는 돈의 개념 • 152

4

아이의 경제 습관을 길러주는 법

자녀를 돈과 현실에서 격리시키지 마라 _ 156
　　　아르바이트를 하고 싶어 하는 아이에게 • 162
물고기를 잡아주지 말고 그물짜는 법을 가르쳐라 _ 165
　　　어릴 때부터 돈을 벌 수 있도록 하라 • 172
경제 교육은 합리적 사고로 냉철하게 _ 174
　　　대가성 용돈은 금물! • 179
자선과 선행을 가르치는 것도 경제 교육이다 _ 181
　　　아이에게 나눔을 가르쳐라 • 185
흥정은 경제 활동의 기본이다 _ 187
　　　물건 제대로 사기 • 191
메모 습관은 경제 생활을 뒷받침한다 _ 193
　　　용돈을 함부로 쓰는 아이에게 • 198

5
부와 성공을 이룬 유태인들

모험과 도전으로, 석유 왕국을 이룬, 마커스 새뮤얼 _ 202
세계 화장품 여왕에 등극한, 헬레나 루빈스타인 _ 209
월스트리트의 살아 있는 신, 조지 소로스 _ 216
틈새시장을 개척한, 캘빈 클라인 _ 222
시장에 밝았던 비즈니스의 귀재, 아먼드 해머 _ 228
유태인의 긍지를 지닌 준비된 CEO, 어빙 샤피로 _ 232
긍정적 사고로 이룬 성공, 피터 드러커 _ 238
전 세계인에게 꿈을 파는, 스티븐 스필버그 _ 243
돈을 쓸 줄 아는 부자, 빌 게이츠 _ 248
사람의 가치를 소중히 여긴 성공, 하워드 슐츠 _ 253

지은이의 글 _ 258

어린 자녀에게 글을 가르치는 목적이
우리 아이가 일찍 책을 읽게 되었다는 사실을
다른 사람들에게 과시하기 위함은 아닙니다.
그보다는 아이가 시간과 공간의 제약을 극복하고
다양한 사람들과 의사소통할 수 있도록 해줌으로써,
성숙하고 조화로운 인간으로 살아가게 하려는 데 근본 목적이 있습니다.

자녀를 위한 경제 교육도 이와 다르지 않습니다.
다른 사람보다 더 많이 소유하고 더 높은 사회적 지위를 얻기 위해서가 아니라,
돈이나 돈과 관련된 것들을 현명하게 다룰 수 있게 함으로써
건강한 경제 시민으로 살아가게 하려는 데 목적이 있는 것입니다.
어른만큼의 완전한 경제 및 소비 능력을 갖추고 있지는 못해도,
아이들은 사회의 엄연한 경제 시민이고 소비자입니다.

1

기적의 역사를
만들어 온 유태인

세계 역사를 빛낸 유태인들

과학자 아인슈타인, 영화감독 스티븐 스필버그, 정신분석학자 프로이드, 청바지 회사 리바이스사의 창업자 리바이스, 사상가 마르크스 등의 공통점이 무엇인지 아시나요? 시대와 직업을 초월한 이들의 공통점은 바로 유태인이라는 점입니다.

이 책을 읽는 여러분도 유태인에 대해서 많이 들어보았을 것입니다. 유태인이 전 세계인들에게 주목을 받는 이유는 세계를 리드하는 걸출한 인물들이 많기 때문입니다. 그들은 정치, 경제, 사회, 문화예술 등 모든 분야에서 활동이 두드러집니다. 그중 유태인들의 활동이 가장 돋보이는 곳이 바로 경제 분야입니다.

은행·담배·귀금속·섬유·영화·통신 등 미국 산업계 전반을 유태인 패밀리들이 주관하고 있다해도 과언이 아닙니다. 〈골드만삭스〉, 〈인텔〉, 〈GM〉, 〈IBM〉, 〈시티그룹〉, 〈보잉〉, 〈록펠러〉, 〈제록스〉 등의 세계적 기업들이 바로 그러한 예입니다.

또 국부론의 애덤 스미스, 1987년부터 2006년까지 미국 연방제도위원회(FRB) 의장을 지내며 '경제 대통령'이라고 불린 그린스펀, 경영학의 피터 드러커 등 경제학자들을 비롯하여, 〈뉴욕타임즈〉 발행인인 아서 설츠버거, 〈워싱턴포스트〉 명예 회장 캐서린 그레엄, 〈CBS〉 회장 로엔스 티쉬, 〈타임워너〉 회장 제럴드 레빈, 〈월스트리트저널〉 CEO 피터 칸 등이 모두 유태인입니다.

뿐만 아니라 미국 정계만 해도 유태인들은 국무부와 국방부 등의 주요 요직을 차지하고 있으며, 백악관에 입성하기 전 차관보급 인사에 유태인 로비 기관인 '에이팍(AIPAC)'이 상당한 영향력을 발휘한다고 합니다. 전 국무장관이었던 헨리 키신저나 울브라이트도 대표적인 유태인이었습니다.

물론 러시아도 이에 못지 않습니다. 보리스 베레조프스키 CIS 사무총장, 블라디미르 구신스키 모스트 회장, 아나톨리 추바이스 전 제1부총리가 각각 ORT-TV, NTV, 국영 RTS를 소유하고 있는데 이들 역시도 유태계입니다. 좀더 하부로 내려가더라도 각 중앙 신문사의 사주나 편집국장 가운데 한 사람은 어김없이 유태계일 정도입니다.

이 외에도 세계 역사를 통해서 만나게 되는 쟁쟁한 위인들 가운데에는 유독 유태인들이 많은 비율을 차지합니다. 이는 각 분야별로 유명한 세계적인 인물을 대충 열거만 해보더라도 금방 알 수 있습니다.

과학 분야의 뉴턴·오펜하이머, 문학 분야의 토마스 만·카프카·하이네·싱어·프루스트, 사상과 철학 분야의 사뮤엘슨·촘스키·스피노자·마르크스·비트겐슈타인·베르그송, 심리학 분야의 프로이드·아들러, 음악 분야의 쇼팽·멘델스존·말러, 미술 분야의 샤갈·모딜리아니·피사로, 영화계의 스티븐 스필버그·우디 앨런·더스틴 호프만·커크 더글러스·엘리자베스 테일러·찰리 채플린·에이젠슈타인·바브라 스트라이샌드, 정치계의 레닌·디즈레일리, 언론 및 출판계의 퓰리처·로리터, 경제 및 금융계의 로스차일드·듀퐁·시트로엔·소로스·머독·백화점왕 S.굿먼·메이시백화점의 J.슈트라우스 등 수없이 많은 인물들이 유태인입니다.

인류 역사에서 볼 때 유태인은 참으로 독특한 민족이라 할 수 있습니다. 그들은 다른 민족을 무력으로 지배할 수 있는 제국을 세운 적도 없고, 종교를 포교하려는 목적으로 대성전을 지은 일도 없습니다.

그러나 유태 민족은 일찍부터 다른 어느 민족에게서도 유례를 찾아볼 수 없는 일에 민족의 역사를 바쳐 왔습니다. 그것은 유태인들이 수천 년 동안에 걸쳐 자신들의 모든 에너지를 인간성 연구에 쏟아왔다는 점입니다.

즉, 세상을 향해, 인간을 향해 끊임없는 질문을 던지고, 그 답을 얻기 위한 부단한 사색과 탐구를 통해 일종의 예지를 습득하려고 노력했던 것입니다. 그것은 유태 민족이 모진 역사 속에서 인내와 함께 건져 올린 또 하나의 선물이었습니다.

시련과 박해의 역사를 통해 습득해 낸 유태 민족의 예지는 좁은 국토와 많지 않은 인구, 세계 도처에 뿔뿔이 흩어져 살아야 했던 그들에게 참으로 독특하고도 창조적인 능력을 부여했습니다.

오늘날 복잡다단한 세계의 흐름과 국제 여론은 대부분 이스라엘에 유리하게 작용하고 있으며, 전 세계 유태인들의 상당수가 각자의 분야에서 최고의 자리에 올라 있습니다. 그리고 그들은 언제나 자신들이 유태인임을 잊지 않을 뿐만 아니라 전 세계의 유태인들을 위해서, 그리고 이스라엘을 위해서 단결하기를 주저하지 않습니다.

지난 1995년 11월에 암살된 이스라엘 이츠하크 라빈 총리의 장례식을 예로 들어도 이러한 사실은 쉽게 알 수 있습니다. 이 장례식에는 당시 미국의 대통령이었던 클린턴을 비롯해 지미 카터, 제럴드 포드 등 전직 대통령들이 줄줄이 참석했습니다. 또한 힘 꽤나 있다는 세계 각국의 국가 원수들이 한결같이 얼굴을 내밀었습니다.

그뿐이 아닙니다. 미국은 해마다 군사 원조를 위한 18억 달러를 포함해 30억 달러씩을 이스라엘에 지원하고 있습니다. 국민 1인당 GNP가 1만7천 달러인 나라가 어찌 된 일인지 미국의 최대 원조 수혜국이기도 한 것입니다. 그리고 미국 대통령이 새로 취임했을 때에 가장 먼저 처리해야 할 공무들 가운데 하나가 주미 이스라엘 대사의 접견이라고 합니다. 세계의 유일 초강대국인 미국이 이스라엘에 이렇듯 '깍듯한' 데에는 이유가 있습니다. 바로 그들이 오늘날 세계를 주름잡는 리더들이 많기 때문이며 그들의 경제적 영향력이 막대하기 때문입니다.

| 실생활에 적용하는 경제 교육 |

유태인이란 누구인가?

유태인은 같은 신체적 특징을 보이거나 동일한 언어를 사용하는 단일 민족이 아닙니다. 이는 A.D 70년에 나라가 없어진 이후로 20세기 초까지도 국토를 갖지 못했던 유태 민족의 슬픈 역사 때문이라고 할 수 있습니다.

그 결과 유태인은 오랜 세월 동안 세계 곳곳으로 흩어지게 되었고, 소수의 작은 사회로 파편화된 채 다른 국가와 민족의 틈바구니에서 더부살이를 하며 불안정한 삶을 살아가게 되었습니다.

정주하게 된 나라의 언어를 사용해야 했고, 다른 민족의 피가 흘러드는 것도 당연하게 받아들여야 했습니다. 따라서 유럽으로 흘러든 유태인은 흰 피부색을, 인도나 아프리카로 흘러든 유태인은 검은 피부색을 가질 수밖에 없었습니다.

이처럼 유태인을 유태인답게 하는 것이 결코 '혈연'만이 아니라면, 과연 그들은 무엇에 의해서 유태인으로 식별될 수 있는 것일까요? 그리고 왜 유독 유태 민족에게선 부와 성공을 이루어낸 수많은 사람들과 각 분야에서 천재적 업적을 남긴 인물들이 계속해서 배출되는 것일까요?

한때 유태인에 대한 배척을 국시로 삼았던 나치 독일은, '각 조부모 가운데에서 2명 이상이 유태인인 사람을 유태인으로 간주한다.'는 정령을 발표함으로써 유태 민족에 대한 인종적 정의를 내린 일도 있었습니다.

사실 유태 민족은 그 원류를 더듬어 볼 때 중동의 셈계 민족이기 때문에 지금도 셈족의 특징적 외모를 지닌 유태인들을 많이 볼 수 있습니다. 하지만 유태인은 '피'에 의해서가 아니라 유태교라는 '사상'에 따라 살아가고 있는지의 여부로 판명됩니다. 즉, 유태인을 유태인답게 하는 것은 유태적인 발상과 정신인 것입니다.

유태 민족은 나라 없이 세계 각지에 흩어져 살면서도 제각기 그 고장의 사람들과 활발히 교류하는 것을 잊지 않았습니다. 특히, 그들은 망한 조국에서 끝까지 가지고 나온 유태교의 교리와 전통을 저버리지 않고, 후손들에게 엄격하게 전하는 것을 게을리 하지 않았습니다.

유태 민족은 유태교의 교리가, 선택된 민족으로서 자신들이 하나님과 계약을 한 데서 시작된다고 믿습니다. 그런데 그들이 말하는 신과의 계약이란, 그들이 하나님으로부터 가나안 땅을 받는 대신에 인간으로서 보다 완성된 존재가 됨으로써 하나님에게 영광을 돌린다는 것이 주된 내용이라 할 수 있습니다.

전 세계 경제를 지배하는 유태인들

　　최근의 조사에 따르면, 전 세계 곳곳에 약 1,500만 명의 유태인이 살고 있다고 합니다. 따라서 전 세계 인구에 대한 유태인의 비율은 0.2%에 지나지 않습니다. 그렇지만 0.2%에 불과한 그들 유태인들은 인간의 역사가 시작된 이래로 수많은 창조적 인재를 길러냈으며, 그 인재들이 세계의 역사를 움직여 왔습니다. 특히, 그들은 경제 분야에서 두드러진 업적을 보였습니다.

　　이를 단적으로 보여주는 예가 1901년부터 현재까지 노벨상 수상자를 살펴보면 알 수 있습니다. 노벨상 중 경제학상 수상자의 65%가 바로 유태인입니다.

　　그런가 하면 미국에서 최근 실시된 한 조사 결과를 예로 들어도 좋을 것입니다. 이 조사 결과에 따르면, 미국 내의 유태인 세대당 소득은 미국 전체 평균의 2배 이상이라고 합니다.

그뿐만이 아닙니다. 미국 전체 인구에서 차지하는 유태인의 인구는 약 580만 명으로, 이는 2%를 간신히 넘는 구성 비율에 불과합니다. 그럼에도 미국의 최상위 부호 400가구 가운데에서 자그마치 23%를 차지하고 있는 사람들이 바로 유태인입니다. 그리고 이 조사 결과를 최상위 부호 40가구로 범위를 좁혀 살펴보면, 놀랍게도 그들 가운데 40%가 유태인이라는 사실을 발견할 수 있습니다.

또한, 〈포춘〉지가 선정한 세계 100대 기업 소유주의 30~40%, 미국 상원의원의 10%, 세계적 백만장자의 20%, 아이비리그 대학 교수들의 30%가 유태인이라는 수치도 잘 알려져 있습니다.

나스닥과 다우지수가 바닥을 치면서 세계 경제가 어려워질 때 이를 가장 먼저 느끼게 되는 곳은 미국의 뉴욕입니다. 맨해튼의 월스트리트에서 시작되는 경제의 흐름은 전 세계를 좌지우지할 정도의 엄청난 영향력을 갖고 있습니다. 바로 이 뉴욕의 숨겨진 경제의 흐름을 주도하는 인물들 역시 다름 아닌 유태인들입니다.

맨해튼 6번가와 5번가에는 세계 80%의 거래량을 확보하고 있는 보석 상가가 밀집해 있습니다. 다이아몬드와 금, 그 외의 모든 보석류를 취급하고 있는 이 상가는 98%가 유태인들의 소유입니다. 따라서 대부분의 보석 가격을 유태인들이 정하게 되고, 그 가격은 세계 보석 시장의 시세가 됩니다.

이렇게 볼 때 미국은 정치와 경제, 문화 심지어 작은 도매상에 이르기까지 유태인들의 손길이 닿지 않는 곳이 없다고 해도 틀린 말이 아닙니다. 드러나지 않지만 미국의 모든 분야에서 가장 중심에 있는 사람들은 언제나 유태인들인 셈입니다.

이와 같은 상황은 미국만이 아니라 러시아에서도 비슷하게 나타나고 있습니다. 숫자로 따지면 전체 러시아 인구의 1%밖에 안 되는 약 150만 명의 유태계 러시아 인들이 개방 이후의 러시아 정치, 경제, 언론, 학계를 주무르고 있기 때문입니다.

최근 경제 몰락의 주범으로 몰린 러시아 7대 신흥 재벌 가운데 6명이 유태계 출신입니다. 이들은 지하 경제에 머물러 있다가 구소련이 붕괴되자 세계 도처에 흩어져 있는 유태인들로부터 자금 지원을 받아 성공했다는 공통점을 갖고 있습니다.

그런가 하면 아시아 지역을 휩쓸었던 IMF 경제 위기가 미국 월스트리트의 금융 자본을 장악하고 있는 유태인들의 장난이었다는 설이 대두되고 있기도 합니다. 즉, 동남아시아 화교권의 경제 성장에 위기의식을 느낀 유태인들이 계획적으로 아시아 경제를 쥐고 흔들었다는 설명입니다.

그 첫 번째 목표물이 된 화교 국가가 이라크와 친밀한 관계를 유지하고 있던 말레이시아였다는 것입니다. 그 결과 말레이시아에 들어와 있던 거대 투기 자본들이 순식간에 빠져나갔고, 그 여파가 태국, 인도네시아, 한국, 일본에까지 불어 닥쳤다는 것입니다.

이는 당시 아시아 금융 위기의 주범으로 꼽혔던 헤지펀드의 50% 이상이 유태인의 손에서 나온 것이었기 때문에 그러한 설명이 더욱 설득력을 얻게 되었습니다.

  IMF 위기 당시에 금융권에서 나돌던 이 '유태인 음모설'의 요점은 한마디로 아시아 지역 IMF 위기가 '유태인들에게 잘못 보여 일어났다'는 것입니다. 물론 이러한 시나리오가 사실이든 아니든 이런 추정을 통해서 우리는 세계가 느끼고 있는 유태인들의 거대한 힘을 다시 한번 생각하게 되었습니다.

  그만큼 유태인 자본은 전 세계 경제를 좌지우지할 만큼의 힘을 가지고 있다는 반증이라고도 하겠습니다.

  이쯤 되면 유태인들이 가장 싫어하는 말이기도 한 '세계는 유태인들이 지배한다.'는 말이 나오는 것도 무리가 아닐 것입니다.

| 실생활에 적용하는 경제 교육 |

유태인들이 세계 경제계를 장악하는 이유

매년 미국 뉴욕의 맨해튼에서는 '스터디 그룹'이란 모임이 열립니다. 세계적인 유태인 사업가 20여 명이 함께한다고 알려진 이 모임에는 미국 유태인협회 회장인 시그램의 에드거 브론프먼 회장을 비롯해서 세계적 펀드매니저 미셸 스타인하르트, 영화감독 스티븐 스필버그 등 각계의 쟁쟁한 실력자들이 참석하는 것으로 알려져 있습니다.

이 모임에서는 주로 '재외 유태인들의 정체성을 어떻게 살릴 것인가', '혹시 도와줘야 할 유태인 기업은 없는가', '기금 모금 활동은 어떻게 벌일 것인가' 등의 의견이 오간다고 합니다.

유태인 거부들은 이런 모임을 통해서 정보를 교환하고, 유태인 교육 기관이나 관련 단체에 수백만에서 수천만 달러씩을 쾌척하는 것으로 알려져 있습니다.

유태인들의 이러한 집단적 파워의 속성은 부동산 취득이나 공직 진출, 땅 소유가 유태인에게는 오랫동안 허용되지 않았기 때문입니다. 따라서 남의 땅에서 살아남기 위해서는 '전문 지식'과 '돈'에 집착할 수밖에 없었습니다.

즉, 나라 없이 오랫동안 떠돌아다녔기 때문에 유태인들이 금융업, 특히 금융 당국의 감독을 받지 않는 헤지펀드에 많이 개입하게 된 것입니다.

🏛 ···역사 속에 드러난 유태인의 상업적 재능
(1) 중세 시대까지

　　이처럼 유태인들이 경제 분야에서 두각을 나타낸 것은 아주 오랜 옛날부터입니다. 그런데 그들의 성서인 〈토라〉에 기록되어 있는 역사를 찬찬히 살펴보면 유태인이 처음부터 상업적 재능을 가지고 있던 민족이 아니었음을 알 수 있습니다. 유태 민족은 애초에 유목민이었습니다.

　　그리고 유태 민족이 팔레스티나(지금의 이스라엘)에 정착해서 농사를 짓던 시절에도 상업은 그들의 능력이나 몫으로 할당된 것이 아니었습니다. 이는 당시의 '외국인'이나 '상인'을 의미하는 말이었던 '가나안 사람'이라는 말을 보아도 알 수 있습니다. 즉, 이 시대의 상거래는 거의 외국인들에 의해 이루어지고 있었던 것입니다.

　　하지만 유태 민족의 박복한 역사가 그들의 운명을 뒤흔들어 전혀 다른 삶을 살아가게 했습니다. 그들은 우연히 팔레스티나로부터 추방되면서 토지를 잃었고, 세계 도처에 뿔뿔이 흩어져 살게 되었던 것입니다. 토지 소유의 길이 막히고 수많은 박해와 제약을 받게 된 유태 민족에게 있어서 당시 그들의 살 길은 오로지 장사밖에 남아 있지 않았습니다. 이렇게 유태인들은 그들이 원했건, 원하지 않았건 상인으로서의 삶을 시작하게 되었습니다.

그런데 그들의 이러한 역사가 불행이었든지, 아니면 행운이었든지 아이러니하게도 유태인들에게는 상인으로서의 재질이 넘쳤습니다. 아니, 유태인들의 상업적 자질은 사실 선천적인 것이라기보다 그들의 높은 교육열과 성공을 향한 끝없는 욕망 덕분이었다고 해야 옳습니다. 그들의 상업적 재능은 상당 부분 넓고 깊은 교양과 다방면의 지식에서 비롯되었기 때문입니다.

경제 활동이 아직 미흡했던 중세 전기만 하더라도 다방면의 교양과 재질을 갖추고 있는 유태인을 유럽의 봉건 영주들은 상인으로서 중용했습니다. 따라서 십자군이 등장하기 전까지 유럽의 모든 통상 활동은 유태인을 중심으로 그리스 인과 아르메니아 인 등 유럽 이외의 민족들에 의해 이루어졌습니다.

특히, 중부 유럽의 봉건 영주들은 유태인들에게 경리와 무역을 흔쾌히 위임했습니다. 따라서 중부 유럽의 땅에서 이루어진 통상의 거의 모든 토대는 유태인에 의해 마련되었다고 할 수 있습니다.

이렇게 중세의 유럽 통상은 지중해를 중심으로 번창했으며, 지중해에서 멀리 떨어져 있는 독일이나 폴란드와 같은 나라에서조차도 지중해 연안을 중심으로 활동하는 외국 상인들의 능력을 빌려야 했습니다.

외국인 상인들은 이 시기에 마련한 막대한 자금을 바탕으로 마침내 성공과 독립을 이루게 되었고, 곧 독일이나 폴란드에 정착함으로써 그 나라의 문화에 동화되었습니다.

하지만 유태인 상인들은 자신들의 신앙이나 민족 전통을 결코 버리지 않았습니다. 이로 인해서 유럽 민족들로부터 언제나 '이방인' 내지는 '외국인'으로 대접받을 수밖에 없었으며, 봉건 영주들과 다른 외국인 상인들에게 적지 않은 반발을 사게 되었습니다. 이는 상업적 재능과 부를 축적해 가는 창조적 기술이 뛰어났던 유태인 상인들로 인해 자신들의 부와 일자리를 잃을지도 모른다는 막연한 불안감이 중세 유럽에 널리 팽배해져 있었음을 말해 줍니다. 유태인에게 한정된 분야에서만 상업 활동을 허용하는 법률이 제정된 것도 이 시기였습니다.

이렇게 해서 유태인들은 일할 수 있는 장소가 한정되었고, 유태인이 아무리 그 나라에서 몇 백 년을 살았더라도 영원히 '외국인' 취급을 받아야 하는 운명에 놓이게 되었습니다. 따라서 유태인들이 유럽 인보다 높은 지위를 갖는다는 것은 꿈에서조차도 불가능한 현실이었습니다.

중세의 유럽 경제는 '길드'라는 동업조합의 지배를 받아야 했습니다. 그러나 유태인들은 이 조합으로부터 철저히 배제된 채 당시의 제도권 경제 밖으로 소외되어야 했습니다. 그리고 유태인들에 대한 이러한 규제는 경제 분야만으로 국한된 것이 아니라 거의 모든 분야에 적용되는 사항이었습니다.

이처럼 유태인은 세계 도처에 흩어져 살면서도 언제 어디서나 유태교의 가르침과 전통 속에서 살았습니다. 그 때문에 교육 수준이 높았고, 읽기와 쓰기, 계산은 물론이고 사물을 추상적으로 이해하고 생각하는 능력이 다른 어떤 민족보다 뛰어났습니다. 유태 민족의 이런 기본적 교양과 지식은 그들이 상인으로서 성공할 수 있는 재질을 키우는 데 결정적인 도움을 주었던 셈입니다.

　하지만 개개인의 상업적 재능만으로 다른 민족의 부러움과 시샘을 받을 만큼 어마어마한 부와 성공을 이룰 수는 없었을 것입니다. 여기에는 또 하나의 결정적인 요인이 숨어 있었습니다. 그것은 그들이 세계 곳곳에 파편처럼 흩어져 살면서도 같은 유태 민족이라는 독특할 정도의 강한 연대 의식을 잃지 않았다는 사실입니다. 유태 민족의 이러한 끈끈한 결속이야말로 나라와 국경을 초월해서 서로 단결할 수 있는 원천이 되었던 것입니다.

　예를 들어, 독일과 프랑스가 전쟁을 벌일 때도 독일에 사는 유태인과 프랑스에 사는 유태인들 사이에는 유태 민족으로서의 굳은 결속력을 잃는 일이 없었습니다. 더 나아가 유태인들은 유럽 모든 국가의 다른 유태인들과도 긴밀하고 신속하게 정보를 교환함으로써 오늘날의 국제적 네트워크 개념이라고 할 수 있는 글로벌한 통상망을 조성하고 있었습니다. 같은 민족끼리의 강한 결속력을 토대로 하는 이 통상망은, 유태인이 상인으로서 험난한 역사를 헤치며 살아남는 데 아주 유용한 기반이 되었습니다.

| 실생활에 적용하는 경제 교육 |

유태인을 데려가자!

중세에는 자국의 산업과 비즈니스를 부흥시키고자 할 때, 자국에 유태인이 없을 경우 어떻게든 유태인을 데려와야만 했습니다. 당시에 유태인들은 이탈리아, 프랑스, 독일 등지에서 주로 살았을 뿐, 동유럽에는 거의 살지 않았기 때문입니다.

폴란드가 그 대표적인 경우라고 할 수 있습니다. 중세의 폴란드는 유럽에서 손꼽히는 후진국 중의 하나였습니다. 그런 까닭에 자국의 경제 부흥을 위해서 노력하던 폴란드 왕은 유태인에게 문호를 개방하게 됐습니다.

그리고 서서히 결과가 나타나기 시작했습니다. 어느새 유태인들이 폴란드의 비즈니스 사회에서 가장 상위 집단에 속하는 지위를 차지하게 되었습니다. 폴란드에서 처음으로 주조했던 은화에 히브리 어가 씌어 있었다는 사실은 당시 폴란드 경제에서 차지하는 유태인의 위상이 어느 정도였는지 짐작하고도 남습니다.

폴란드는 근대에 이르기까지도 유태인이 가장 많이 사는 나라였습니다. 제 2차 세계 대전 전에는 3백만 명을 헤아릴 정도였습니다. 하지만 나치 독일에 의해 저질러진 대학살로 폴란드 내 유태인의 숫자는 급격히 감소했습니다.

역사 속에 드러난 유태인의 상업적 재능 (2) 근세 이후

18세기 영국에서 시작되어 전 유럽으로 들불처럼 번져 나간 산업혁명의 불길은 유럽을 근세로 인도했습니다.

유태인에게 있어서 산업혁명은 모든 제약으로부터의 해방임과 동시에 넓고 새로운 활동 분야를 허락받는 계기로 작용했습니다.

동시에 그때까지도 많은 기회로부터 소외된 채 박해와 설움을 받아온 유태 민족에게는 소수 민족이 나아갈 새로운 세계의 길을 산업혁명이 결정적으로 열어주었던 것입니다.

이는 그만큼 유태인들이 산업혁명의 도래와 그 이후의 세계정세를 다른 어떤 민족보다도 한발 앞서서 내다보고 있었기 때문입니다.

산업혁명이 일어나 대량 생산이라는 새로운 패러다임이 닥쳐오자 사람들은 거액의 자본이 필요해지기 시작했습니다. 이에 따라서 신용의 제공과 금융 자본의 확보가 산업계의 흥망을 결정하는 요소로 등장하게 되었습니다.

이처럼 산업혁명에 의한 산업 활동의 비약적 증대는 금융 및 은행업의 급속한 신장과도 그 운명을 함께하도록 만들었습니다. 특히, 이 당시의 산업혁명을 통해 유태인 은행은 무서운 발전 속도를 보였습니다. 이는 그때까지 유럽의 전통적인 은행들이 투기로 말미암아 쇠퇴의 길을 걸어온 것과도 무관하지 않았습니다.

중부 유럽에서 중추적 역할을 했던 독일의 시중은행들은 모두 유태인계 금융 회사가 발전한 것이었습니다. 이처럼 유태인들이 독일 산업의 근대화 과정에서 보여준 역할과 활약은 실로 눈이 부실 정도였습니다.

그런데 산업혁명 이후의 산업 활동에 있어서 유태인이 왕성하게 진출한 분야가 금융업에 국한된 것은 아니었습니다. 당시 유태인들은 전기, 기계, 화학 산업 등에도 대거 진출하고 있었던 것입니다.

하지만 산업혁명을 발판으로 독일에서 유태인이 여러 분야에 진출하는 현상이 환영받지는 못했습니다. 독일 내에 반유태주의를 유발함으로써 1930년대 이후로 독일은 유럽에서 반유태주의 성향이 가장 심각한 정도에 이르게 되었습니다.

물론 반유태주의적 성향이 독일에서만 심각해진 것은 아니었습니다. 산업혁명의 거센 물결이 휩쓸고 지나간 이후부터 19세기 말까지 산업계에 급격하게 나타나기 시작한 유태인의 힘은 대다수의 유럽 인들에게 두려움의 대상이었기 때문입니다. 세계의 역사나 현실의 사회 현상을 보더라도 다수파들이 소수파에 대해서 경계심을 갖는 경우는 적지 않습니다.

그런가 하면 많은 유럽인들은 유태인이 자기 분수와 도를 넘어서려 한다고 생각하기도 했습니다. 유럽인들은 오랜 역사와 세월 속에서 유태인들이 언제나 자신들보다 지위가 낮은 하등 민족이라고 생각하는 데 익숙해져 있었기 때문입니다.

따라서 유럽인들은 유태인들이 수많은 제약에서 벗어나 자신들과 대등해지거나 때로는 자신들보다도 월등한 지위에 올라 영향력을 행사하는 것을 두고 보지 못했습니다. 이는 근세 이후의 식민지 무역을 보더라도 쉽게 알 수 있습니다.

다른 대륙의 국가들보다 앞서 산업혁명을 이룬 유럽의 국가들이 식민지 국가를 만들기 시작하자, 유태인 상인들은 식민지 무역이라는 새로운 투기를 모색했습니다. 그러나 점차 식민지 무역의 규모가 거대해지면서 다시 다수의 유럽인들이 이를 장악했습니다.

이와 같은 역사의 아픔과 교훈 때문에 유태인들은 언제나 현실에 안주하지 않고 새로운 것을 모색하려는 성향과 한 번의 기회가 다가오면 아무리 비좁은 틈새라도 비집고 들어가 힘차게 뻗어 나가려는 욕망을 본능적으로 담금질해 왔던 셈입니다.

긴 시간 고난의 역사를 통해 단련된 유태인들의 상술과 경제적 감각 그리고 그들의 부와 성공은 마침내 세계 유일의 초강대국인 미국을 좌지우지하는 정도에까지 이르렀습니다. 성공한 유태인들이 어느 정치

세력에 힘을 실어 주느냐에 따라서 미국 내의 정권 교체는 물론 대통령의 당선에까지도 큰 영향력을 미칠 수 있다는 사실이 이를 뒷받침해 주고 있습니다.

실제로 1900년대 이후, 역대 미국 대통령 가운데에서 유태계의 로비와 자금 지원 없이 당선된 사람은 아이젠하워가 유일하다고 말합니다. 반대로 유태인이나 이스라엘을 공격하는 발언으로 쓴맛을 본 정치인들은 헤아릴 수 없을 정도입니다.

유태인들의 자금으로 젊은 나이에 상원의원에 도전할 수 있었다는 케네디 전 대통령은 대통령 당선 직후 당시의 이스라엘 수상에게, "내가 유태인 덕분에 당선됐소. 빚을 졌습니다. 무얼 도와드릴까요?"라고 말했다고 합니다.

그런가 하면 유태인들의 파워는 미국의 이스라엘에 대한 유별난 예우를 통해서도 드러납니다. 특히, 빌 클린턴 전 대통령은 이스라엘의 건국 50주년 행사에 엘 고어 부통령을 보내 "두 나라 사이의 특별한 관계는 이스라엘이 그랬듯이 영원할 것입니다."라는 메시지를 전달했을 정도입니다.

미국에는 병원은 물론이고 학교, 보험사까지 유난히 '이스라엘'이란 단어가 들어간 건물이나 간판이 많습니다. 또한, 슈퍼에 가 보면 한쪽 코너에 '코셔밀'이란 식품 진열대가 따로 마련되어 있습니다. 이 진열대에서는 같은 고기, 같은 음식이라도 유태 민족의 율법에 합당한 것들만 팔고 있습니다.

그뿐이 아닙니다. 미국에서 가장 좋은 유치원이나 학교는 유태계인 경우가 많습니다. 따라서 이들 유치원이나 학교에 다니는 자녀를 둔 미국의 학부모들은 반드시 코셔밀에서 산 음식으로 도시락을 싸야 합니다.

이러한 예들은 미국 사회에서 유태인이 차지하고 있는 위치가 어느 정도인지를 잘 설명해 줍니다. 수천 년의 유태인 역사 가운데에서 유태인에 대한 완전한 자유와 평등이 불과 30~40년 전에야 미국에서 이루어진 것을 보면, 미국은 유태인들에게 있어서 제2의 가나안인지도 모르겠습니다.

이처럼 유태인들이 고난의 시대를 헤치고 경제적 성공을 이루게 된 원동력은 무엇일까요?

첫째, 유태인들은 크게는 자기 민족에 대해서, 작게는 자기 자신에 대해서 절대적인 신뢰와 자신감을 가지고 있었습니다.

유태 민족은 그들의 역사와 전통과 우월한 문화, 그리고 재능을 믿었고, 설령 자신들이 이룩한 사업이나 비즈니스가 뿌리째 뽑혀 나가더라도 언제든 처음부터 다시 시작할 자신감이 있었습니다.

유태 민족의 이 첫 번째 무기는, 이후 미국을 비롯한 세계 곳곳으로 그들이 이주해 들어갔을 때 유감없이 발휘되었습니다. 다른 어떤 민족도 거들떠보지 않거나 수익성을 발견하지 못했던 새로운 분야에서 사업의 가능성을 창출했으며, 어떤 민족도 흉내 낼 수 없는 수단과 노력으로 가능성을 실현하면서 주도적인 비즈니스 문화를 개척했습니다.

예컨대 미국의 영화 산업을 유태인들이 거의 장악하고 있는 것도 같은 맥락에서 가능했습니다. 영화 산업 초창기에 누구도 그 가능성과 사업성을 인식하지 못하고 있을 때부터 유태인들은 대대적인 투자와 기술 개발을 마다하지 않으며 영화 산업이라는 새로운 분야를 개척해 왔던 것입니다.

뿐만 아니라 은행을 비롯한 금융 분야에서도 유태인들은, 다른 민족이나 금융 기관들이 위태롭다고 판단하여 포기한 곳에 가능성을 보고 과감하게 투자할 줄 알았습니다. 그리고 위험도가 높았던 만큼 그들은 높은 수익을 올리며 세계 금융 시장을 장악할 정도에 이르렀습니다.

이 모든 것들은 유태인들이 스스로에 대해서 신뢰와 자신감을 가지고 있지 않았다면 결코 불가능한 것들이었습니다.

둘째, 유태인들에게는 인내력과 불굴의 정신이 있었습니다.

그들은 성공한 하나의 비즈니스가 무너져 내리면 거의 동시에 다시 시작할 비즈니스를 생각했으며, 경영하던 은행이 다른 정부에 의해 몰수당하면 다른 나라에서 새로 은행을 열 생각을 했습니다. 이는 그들 민족의 생존 본능이라고 볼 수도 있지만, 그보다는 결코 단념하지 않는 유태 민족의 정신과 인내력 때문이라고 보는 게 옳을 것입니다.

셋째, 어렸을 때부터 자녀에게 경제 교육을 실시했습니다.

유태인 부모는 자녀가 어릴 때부터 철저하게 경제관념을 심어줍니다. 이러한 경제관념은 이들이 성인으로 성장하여 세계를 무대로 비즈니스 능력을 발휘하는 데 가장 큰 무기가 되었습니다.

| 실생활에 적용하는 경제 교육 |

유머에서 엿볼 수 있는 유태인의 상업적 발상

다음과 같은 유태인 유머는 유태인들이 상업적 재능과 부를 축적하는 기술을 어떻게 바라보고 있는지를 잘 보여주고 있습니다.

총격전이 벌어지고 있는 전선의 참호 속에서 물을 팔고 있는 이스라엘 상인이 있었다. 그는 2개의 물 항아리를 지고 다녔다.
"물 한 잔에 15프러토트요."
그때 적의 총알에 맞아 1개의 물 항아리에서 물이 새기 시작했다 상인은 재빨리 외쳐대기 시작했다.
"물 한 잔에 30프러토트요!."

어릴 때부터 경제관념을 심어주는 유태인

어린 자녀에게 글을 가르치는 목적이 우리 아이는 일찍 책을 읽게 되었다는 사실을 다른 사람들에게 과시하기 위함은 아닙니다. 그보다는 아이가 시간과 공간의 제약을 극복하고 다양한 사람들과 의사소통 할 수 있도록 해줌으로써, 성숙하고 조화로운 인간으로 살아가게 하려는 데 근본 목적이 있습니다.

자녀를 위한 경제 교육도 이와 다르지 않습니다. 다른 사람보다 더 많이 소유하고 더 높은 사회적 지위를 얻기 위해서가 아니라, 돈이나 돈과 관련된 것들을 현명하게 다룰 수 있게 함으로써 건강한 경제 시민으로 살아가게 하려는 데 목적이 있는 것입니다.

어른만큼의 완전한 경제 및 소비 능력을 갖추고 있지는 못해도, 아이들은 사회의 엄연한 경제 시민이고 소비자입니다.

특히, 최근에는 가정의 소비 구조에 있어서 아이가 차지하는 비중이 점차 커져 가고 있는 실정입니다. 입을 옷과 읽을 책, 장난감 등을 고르는 주체가 점차 아이들이 되는 경우가 많아지고 있기 때문입니다.

이러한 소비 생활과 선택을 통해서 아이들은 자신에게 주어진 경제적 선택권을 아주 어릴 때부터 알게 됩니다. 이때부터 아이들은 무시할 수 없는 소비자 집단으로 성장하게 되는 것입니다.

그런 점에서 자녀를 위한 소비자 교육은 아주 일찍부터 이루어져야 합니다. 흔히 '소비'에 대해서, 특히 아이들의 소비에 대해서 부정적인 생각을 가지고 있는 부모가 많습니다. 그런 부모일수록 자녀에게 소비를 위한 교육이 왜 필요하냐고 반문할 수도 있을 것입니다.

이런 부모들은 각종 대중 매체를 통해서 '아이들을 위한 조기 경제 교육'이 필요하다는 기사가 얼마나 자주 등장하는지, 얼마나 강조되고 있는지를 경험할 필요가 있습니다.

최근의 이러한 사회 현상을 반영하듯 아이들을 대상으로 하는 경제 교육 목적의 신문이 발간되는가 하면, 관련 서적은 물론이고 아이의 경제 교육을 표방하는 각종 인터넷 사이트도 생겨나고 있을 정도입니다.

이처럼 아이들에 대한 경제 교육의 필요성을 인식하고 시도하려 한다는 것은 상당히 바람직한 일이 아닐 수 없습니다. '돈이란 몰라도 되는 것, 크면 자연히 알게 되는 것, 돈을 일찍 아는 것은 아이답지도 순수하지도 못한 것'이라는 생각을 가지고 있었던 우리나라의 부모들이, 자녀들과 일찍부터 돈에 대해서 이야기하고 가르치는 것은 실로 긍정적인 변화가 아닐 수 없습니다.

그럼에도 한편으로는 어쩔 수 없는 걱정이 앞서는 것이 사실입니다. 아이들에게 돈에 대해서 가르치고, 그래서 돈에 대해 똑똑한 아이로 키워야 한다는 생각과 가치관이, 자칫 '조기 영어 교육'이니 '조기 영재 교육'이니 하는 식으로 받아들여지지 않을까 하는 걱정 말입니다.

즉, '조기 경제 교육 붐'이라는 현상을 '부자나 최고 경영자 되기'와 같은 의미로 이해한 부모들에게 '자기 아이 최고로 만들기'를 부추기는 결과를 낳을지도 모르기 때문입니다. 만일 그렇게 된다면, 자녀들을 경제적으로 현명하게 키운다는 경제 교육의 목적에서 벗어나는 위험을 초래할 수도 있습니다.

이러한 위험성을 막기 위해서는 유태인 부모들이 자녀들에게 어떻게 경제 교육을 하고 있는지를 살펴보고, 이를 실천하는 것이 가장 안전하고 바람직합니다. 유태인들은 5,000년이라는 자신들의 역사를 통해서 자신들이 자녀들에게 행하고 있는 경제 교육이 얼마나 큰 성공을 거둬 왔는가를 충분히 보여주었기 때문입니다.

특히, 유태인 부모들은 아이들과 함께하는 일상생활 속에서 자연스럽게 소비와 관련된 올바른 태도를 형성시켜 주려고 노력합니다. 아울러 소비에 관한 올바른 가치관과 지식을 쉽고 올바르게 제시하면서 경제 개념을 심어주려고 합니다.

유태인들은 자녀들에게 소비와 관련해서 먼저 인내심, 절제, 물질만능 배제, 책임감, 근면, 의사 결정 능력 등의 기본자세를 가르칩니다.

물론 이러한 자세는 소비 생활에서만이 아니라 사회생활 전반에 걸쳐 요구되는 것이라고 할 수 있습니다. 하지만 경제 교육은 일상생활 속에서의 실천을 통해서 이루어져야 하기 때문에 이러한 자세는 더욱 중요한 것입니다. 이처럼 유태인들에게 있어서 경제 교육은 거창한 것이 아니라 생활 교육입니다.

또한, 유태인 부모들은 자녀가 건전한 소비자로, 경제 시민으로 성장하기 위해서는 무엇보다도 어른들의 모범적인 경제 활동과 소비 의식이 선행되어야 한다는 것을 누구보다 잘 알고 있습니다.

그렇기 때문에 유태인 부모들은 자신의 수입 한도 안에서 소비하고, 자신의 경제 활동에 책임을 지며, 집안일을 가족들과 함께 나누는 등 스스로 모범을 보이려고 노력합니다. 또한, 자신을 존중하는 마음과 신뢰감을 가지고 건전한 판단을 내리는 모습과, '원하는 것'과 '필요한 것'을 구분하는 능력도 보여줍니다.

유태인들은 사람이 경제 사회의 일원이 되면 세 가지 역할을 하게 된다고 말합니다. 첫째 노동자로서의 역할, 둘째 소비자로서의 역할, 셋째 경제 시민으로서의 역할이 그것입니다.

특히, 유태인 아이들은 부모로부터 경제관념에 대해서 이론적인 틀보다는 구체적으로 어떻게 할 수 있는가, 어떻게 말할 수 있는가에 초점을 맞춘 교육을 받습니다. 그렇기 때문에 유태인 아이들은 학교에 갈 나이만 되어도 이미 돈의 가치와 소비 생활 패턴이 확실하게 형성되어 있게 마련입니다.

| 실생활에 적용하는 경제 교육 |

로스차일드가의 교훈

프랑크푸르트에서 출생한 로스차일드는 프랑크푸르트의 게토(ghetto, 유태인 집단 거주 지구)에서 유태인 대금업자로 출발한 이후, 성장에 성장을 거듭한 결과 로스차일드 은행을 창설했습니다. 그리고 그의 아들들은 유럽 각국으로 흩어져 오늘날 국제 금융 자본의 바탕을 마련했습니다.

이러한 로스차일드가의 성공과 부에 대한 이야기는 유태인 가족의 '신화'를 보여주는 데 그치지 않습니다. 유럽의 왕실들과 거래하며 고(古) 화폐, 예술품 등의 수집에도 일가를 이뤘던 이 '유태계의 메디치가'는 국제 금융 및 문화계의 계보 파악에도 중요한 실마리를 던져주고 있을 정도입니다. 그들의 부와 권력은 말 그대로 나라를 하나 세울 정도였습니다.

로스차일드가 번영의 기틀을 다진 사람은 '마이어 암셀 로스차일드'였습니다. 그의 아버지는 마이어를 랍비로 키우기 위해 유태 신학교에 보냈습니다. 그러나 부모의 죽음으로 마이어는 학업을 중단하고 유태인이 경영하던 오펜하임 은행의 견습생으로 들어가야 했습니다. 이것이 로스차일드 가문 300년 번영의 시작이라고 할 수 있습니다.

유태 신학교에서 배운 학문과 은행의 결합은 성공적이었습니다. 유태 신학교에서 배운 〈탈무드〉 공부로 중동과 유럽의 역사 및 어학에 해박했던 마이어는 은행에 근무하던 중 옛날 돈에 흥미를 갖게 되고, 스무 살이 되자 은행을 그만두고 아예 화폐 수집상의 길로 들어섭니다. 이것이 세계 최대 금융 왕국 건설의 첫걸음이었습니다.

마이어는 먼저 옛날 돈의 안내서를 만들어 귀족과 왕족을 고객으로 두었습니다. 이후 환전상을 겸하게 된 마이어는, 런던에서 보내오는 환어음을 현금화하는 사업을 시작함으로써 국가 재정에까지 관여했습니다.

유럽 전역에 산업혁명의 불길이 거세어지자 로스차일드는 수표를 단순히 현금화하는 데 그치지 않고, 영국에서 구입한 면제품 지급에 충당하면서 주식과 채권에도 투자함으로써 막대한 이익을 거두기 시작했습니다.

하지만 여기에 만족하지 않고 엄격한 유태 교육 아래에서 상인으로 단련시킨 자녀들을 동원해 국경을 초월한 금융 네트워크를 구성했습니다. 장남 암셀을 독일 프랑크푸르트로, 차남 잘로몬은 오스트리아 빈으로, 삼남 나탄은 영국 런던으로, 사남 카를은 이탈리아 나폴리로, 오남 야콥은 프랑스 파리로 각각 보냈습니다.

로스차일드 가문은 이처럼 유럽 주요 도시에 포진한 다섯 아들들의 견고한 협력 체제 하에서 19세기 유럽 최강의 금융 기관으로 성장했습니다.

오늘날 로스차일드 집안은 은행을 비롯해 다이아몬드와 석유, 홍차, 와인, 호텔, 백화점 경영 등에도 진출함으로써 그 명성과 세력을 더욱 견고히 다지고 있습니다.

이처럼 '국제 금융계의 황실(皇室)', '이스라엘 건국의 자금줄' 등으로 불리며 유태 금융 제국의 주춧돌을 세운 로스차일드가(家), 그 기원을 이룩한 마이어 암셀 로스차일드는 자녀들에게 어릴 때부터 '돈이야말로 유태인을 구원하는 단 하나의 무기라는 것을 잊지 마라.'고 가르쳤습니다.

많은 사람들이 부와 성공을 이루는 것보다 그것을 다음 세대로 이어가는 것이 더 힘들다고 말하는 것을 보면, 로스차일드가의 교훈이나 그 교훈을 오늘날까지 지켜가고 있는 그 후손들이 정말 대단하다는 생각을 하지 않을 수 없습니다.

인간을 재는 데는 네 가지 척도가 있다.
돈, 술, 여자, 시간에 대한 태도가 그것이다.
그런데 이 네 가지에는 공통점이 있다.
매력적이지만 도를 지나쳐서는 안 된다는 점이다.
그 어떤 사람도 경멸해서는 안 되며,
그 어떤 물건도 멀리해서는 안 된다.
왜냐하면 시간을 갖고 있지 않은 사람은 없으며,
장소를 확보하고 있지 않은 물건은 없기 때문이다.

2

유태인 경제 교육의 키워드

⛪…민족의 탁월한 상술을 가르쳐라

　　21세기의 화두는 '돈'이 아닐까 싶습니다. 최근 베스트셀러가 되고 있는 책들을 살펴보면 경제 경영 관련 책들이 많은 비중을 차지하고 있습니다. 아마도 사람들의 관심이 그 분야에 많이 집중되어 있다는 사실을 반증하는 게 아닐까요.

　　21세기에는 금융 지식과 투자 원칙, 시장의 법칙 등을 끊임없이 탐구하는 사람만이 경제를 읽을 수 있고, 또한 부자도 될 수 있습니다. 그러나 무엇보다 돈의 속성을 알고, 돈을 올바르게 대하는 태도와 돈을 관리하는 법을 아는 것이 중요합니다.

　　오늘날 유태인들은 세계 경제의 중심에 있다고 해도 지나치지 않을 정도로 세계 곳곳에서 엄청난 부와 함께 성공을 이루었습니다. 또한, 그들의 경제적 상업적 성공은 다방면에서 시너지 효과를 나타내고 있으며, 세계정세의 흐름을 자신들에게 유리하게 조절할 수 있는 능력까지 갖추었습니다.

세계 도처에서 사업을 하거나 장사하는 사람들은 싫든 좋든 간에 세계 곳곳의 유태인과 거래하지 않으면 안 될 정도로 유태인들을 빼놓은 세계 경제는 있을 수 없습니다.

그렇다면 유태 민족이 그토록 놀라운 성공과 경제적 부를 이룰 수 있었던 원천은 무엇일까요? 그것은 다름 아닌 유태인 특유의 독특하고 놀라운 상술에 있습니다.

오늘날에도 유태 민족은 세계 곳곳에서 자신의 다음 세대들에게 민족의 탁월한 상술을 전하고 있습니다. 그것이 곧 유태인 부모들이 자녀들에게 가르치는 경제 교육인 셈입니다.

유태인의 상술에는 우주의 대법칙이 밑바탕에 깔려 있습니다. 유태인들의 상술은 이 대법칙에서 벗어나지 않기 때문에 손해를 보는 경우가 드뭅니다.

유태인 상술의 기본이 되는 법칙 가운데에는 '78 : 22 법칙'이라는 것이 있습니다. 예를 들어 공기의 성분은 질소 대 산소의 비율이 78 : 22를 이루고 있으며, 사람의 신체도 수분과 기타 물질이 78 : 22의 비율을 나타낸다고 합니다. 물론 78이니 22니 하는 수치에는 어느 정도의 오차가 있을 수 있습니다.

이 '78 : 22 법칙'은 인간의 힘으로는 어찌할 수 없는 불변의 법칙 위에서 존재하는 경우가 많습니다. 그런데 유태인들은 이 대자연의 법칙

위에 상술의 법칙을 그대로 적용합니다.

유태인들은 이 세상 사람들을 '돈을 빌려주고 싶어 하는 사람'과 '돈을 빌려 쓰고 싶어 하는 사람' 두 부류로 분류합니다. 언뜻 생각하면 돈을 빌려주고 싶어 하는 사람보다 돈을 빌려 쓰는 사람이 많을 것 같은데, 사실은 후자보다 전자가 많습니다.

이를테면 은행이라는 곳은 많은 사람들로부터 돈을 빌려다가 일부 사람들에게 다시 빌려주는 곳입니다. 만일 '빌려 쓰고 싶어 하는 사람'이 훨씬 많았다면 은행은 버틸 수가 없었을 것입니다. 즉, 유태인 상술의 법칙에 따라 말하면 이 세상 사람들은 '빌려주고 싶어 하는 사람' 78에 '빌려 쓰고 싶어 하는 사람' 22의 비율로 구성되어 있다는 것이지요.

예부터 경제적 관념과 상술이 뛰어났던 유태인들은 '78 : 22 법칙'이 어떻게 적용되는지 자녀들에게 가르쳐 왔습니다.

"아빠, 부자들은 어떻게 해서 돈을 벌었어요?"
"돈을 많이 번 부자들에게는 몇 가지 법칙이 있단다."
"법칙이요? 그게 뭔데요?"
"세상 사람들 대부분은 우리와 같은 보통 사람들이란다. 78 : 22 법칙 알지?"
"네. 지난번에 아빠가 설명해 주셨어요. 우주 만물은 78 : 22 법칙이 적용된다고 말이에요."
"그래. 부자들은 이것을 이용하여 돈을 벌었단다."

"78 : 22 법칙으로 돈을 어떻게 버는데요?"

"평범한 사람들에 비해 부자의 수는 적은 편이지만, 부자들이 소유하고 있는 돈은 오히려 많단다. 여기에 78 : 22 법칙을 적용한다면 일반 사람들이 가지고 있는 돈이 22이고, 부자가 가지고 있는 돈은 78이라 할 수 있거든. 그러니까 22퍼센트가 가지고 있는 돈 78을 상대로 장사하는 편이 훨씬 큰 돈벌이가 되는 거란다."

"그러니까 돈을 벌기 위해서는 부자들을 대상으로 해야 하는 건가요?"

"78 : 22 법칙으로 보면, 그들이 가지고 있는 돈이 대다수의 보통 사람들이 가지고 있는 돈보다 훨씬 많으니까 말이야."

"아하, 그렇구나."

유태인 부모가 자녀에게 가르치는 78 : 22 법칙은, 무엇보다 숫자에 익숙해지고 능통해지게 함으로써 경제 교육의 기초를 쌓게 합니다. 그것이 곧 돈벌이의 기본이자, 유태 민족의 탁월한 상술을 배우는 것이기 때문입니다.

이와 같이 유태인 부모는 민족의 탁월한 상술을 자녀들에게 교육합니다. 이런 교육이 밑바탕에 깔려 있기에 어른이 되어서 무슨 일을 하든지 숫자와 경제관념에는 약한 모습을 보이지 않는 것입니다.

| 실생활에 적용하는 경제 교육 |

금전 관리 가르치기

　최근 들어 심각한 사회 문제로 대두되고 있는 것 가운데 하나가 신용 불량자의 급증입니다. 이는 우리나라 사람들이 어렸을 때부터 돈 관리에 소홀하다 보니, 어른이 되어서 과도한 신용카드를 사용하여 발생한 문제입니다.

　실제로 우리나라 사람들은 어른이 되어서도 예산을 세워서 생활의 규모를 관리하는 데 서투른 편입니다. 만일 사람들이 어려서부터 예산 짜기를 실천해 왔다면 이런 심각한 사회 문제는 나타나지 않았을 것입니다. 또한, 사람들은 훨씬 더 효과적인 재정 의사 결정을 내리며 살아갈 것입니다.

예산 관리

예산 관리란 기대 소득에 바탕을 두고 적절한 기간 내에 이 소득을 어떻게 배분할지를 계획하는 경제적 행위입니다. 아이들의 경우, 예산 관리를 통해서 자신의 돈이 어떻게 사용되는지를 추적할 수 있는 기회를 갖게 됩니다.

예산 관리의 예

- 전체 용돈(1주일) : 3,000원
  - ⇒저금 : 1,000원
  - ⇒군것질 : 2,000원
- 1달 동안 저금하였을 때 : 4,000원
- 1년 동안 저금하였을 때 : 48,000원
- 명절 때 받을 수 있는 용돈의 합 : 20,000원
  - ⇒설날 10,000원
  - ⇒추석 10,000원
- 심부름으로 받을 수 있는 용돈의 합 : 10,000원

  (한 달 기준 1,000원 정도를 받는다)

지출 관리

아이들이 돈과 관련해서 가장 먼저 시작하게 되는 행위가 바로 지출입니다. 그리고 이와 같은 지출을 통해서 아이들은 일상생활에서 돈의 중요성을 배워 갑니다.

예를 들어, 지출 내역은 기록하기, 지출 한도는 매주 2천 원을 넘지 않기, 군것질에 지출 줄이기, 필요한 물건만 사기 등과 같이 지출을 어디에 얼마만큼 했는지 스스로 파악하게 됩니다.

금전 관리는 자신의 재정 상황을 알 수 있게 해줍니다. 아울러 소득은 어떻게 증대시켜야 하는지, 어떤 항목들에 돈의 지출을 줄여야 하는지, 기존 보유 자원들은 어떻게 이용해야 하는지 아이가 현명하게 돈을 쓰도록 가르쳐줍니다.

🏰 … 깨끗한 돈과 더러운 돈의 구별은 없다

일반적으로 우리나라 사람은 돈벌이를 할 때 그 돈의 출처에 대해서는 무척 까다로운 편입니다.

어떤 사람이 술집이나 여관업 등의 유흥업으로 돈을 벌었다고 하면 흔히 '더러운 돈'이라는 낙인을 찍고, 착실하게 일해서 번 돈에 대해서는 필요 이상으로 '깨끗한 돈'이라는 인식을 하는 경우들이 그러한 예라 할 수 있습니다.

가령 아이가 엄마에게 이렇게 말할 수도 있습니다.

"엄마, 난 이다음에 돈 많이 벌 거야."
"뭘 해서 돈을 벌게?"
"음, 과학자가 되어서 발명품 만들면 돈 많이 벌 수 있잖아."

"우리 아들은 누굴 닮아서 저렇게 기특할까. 엄마는 네가 돈 못 벌어도 좋아."

라며 머리를 쓰다듬어 줄 것입니다. 그런데 이와 반대로 아이가 이렇게 말한다면 어떻게 하실까요?

"엄마, 나 붕어빵 장사해서 돈 벌 거예요."
"뭐라고 이 녀석이. 다시 엄마한테 그런 소리 하면 혼날 줄 알아. 쓸데없는 생각 그만하고 공부나 해?"
"왜요? 그게 나빠요?"
"그걸 말이라고 하니?"
"난 엄마가 왜 그렇게 화를 내는지 모르겠어요."
"열심히 공부해서 훌륭한 사람이 되면 돈은 다 잘 벌 수 있어. 공부하기 싫으니까 별 생각을 다하는 구나."
"붕어빵 장사가 뭐 어때요. 어차피 돈 버는 건 같잖아요."
"같긴 뭐가 같니? 붕어빵 장사하는 것과 의사가 환자 고쳐주는 것은 다른 거야."
"말도 안돼요. 어째서 그게 달라요?"
"병을 고쳐주고 돈을 버는 것은 훨씬 더 값진 일이니까."
"배고픈 사람에게 붕어빵을 파는 것도 의미 있는 일 아니에요?"
"뭐라고? 아휴 참, 말꼬리 그만 잡고, 어쨌든 다른 건 다른 거니까,

년 가서 공부나 해. 엄마 앞에서 한 번만 더 그런 소리 하면 혼날 줄 알아!"

"엄만 꼭 할말 없으면 공부하라고 해."

길거리에서 붕어빵 장사로 번 돈에 '붕어빵 장사가 번 돈'이라고 씌어 있지는 않습니다. 즉, 돈에는 출신 성분이나 이력서가 따로 붙어 있지 않는 법입니다. 따라서 어떤 일을 해서 돈을 벌건 정당하게 노동을 통하여 번 것이라면 그것은 매우 가치 있는 돈입니다.

유태인에게 있어 노동은 신에 대한 충성의 표시이자 창조적 행위에 동참하는 것을 의미합니다. 따라서 이 노동을 업신여기거나 노동을 통해서 번 돈을 차별하는 것은 옳지 않다고 생각합니다.

그런데 우리나라 사람들은 유난히 돈의 출처에 따라 깨끗한 돈과 더러운 돈으로 구별하는 것 같습니다. 이것은 유태인의 시각에서 보면 다소 어리석은 관념이 아닐 수 없습니다.

유태인 부모는 자녀를 다음과 같이 교육시킵니다.

"돈에는 깨끗하고 더러운 것이 없단다. 정직하게 벌었다면 말이야."
"거리에서 바이올린을 켜서 번 돈도요?"
"그럼."
"구두닦이를 해서 번 돈도요?"
"물론이지."

2. 유태인 경제 교육의 키워드 57

"만약 내가 다른 사람을 속여서 번 돈은요?"

"그건 다른 사람의 돈을 훔친 거나 마찬가지야. 십계명에 '남의 것을 탐하지 마라'고 했지 않니? 하지만 노동을 통하여 번 돈이라면 그것이 구두를 닦아서 번 돈이든, 길거리에서 노래를 해서 번 돈이든, 장사를 해서 번 돈이든, 아픈 사람을 고쳐주고 번 돈이든 모두 다 같은 돈이란다. 그것보다 어떻게 쓰느냐가 더 중요하거든."

"네? 돈은 그냥 필요한 데 쓰면 되잖아요."

"돈은 어디에 써야 할지 생각하며 써야 올바르게 사용할 수 있단다. 엄마 아빠가 돈을 버는 이유는 첫 번째로 너희들을 잘 키우기 위해서이고, 두 번째는 엄마 아빠의 삶을 즐기기 위해서이기도 하지. 또한, 우리보다 어려운 사람에게 자선을 베풀기 위해서 돈을 버는 거란다."

유태인들은 이처럼 돈을 버는 데 있어서 '깨끗한 돈' 혹은 '더러운 돈'으로 구분 짓지 않습니다. 돈은 어떻게 버느냐가 중요한 것이 아니라 어떻게 쓰느냐가 더욱 중요하기 때문입니다.

아무리 사업에 밝고 상업적 재능을 타고난 유태인들이지만 그들에게 있어서 돈은 결코 인생의 목적이 아니라 어디까지나 수단일 따름입니다.

대체로 돈의 출처를 따지기 좋아하거나 돈을 수단이 아닌 인생의 목적으로 생각하는 사람일수록 돈을 함부로 대하고, 유용하게 쓸 줄 모르는 경우가 많습니다.

유태 속담 중에 "돈을 벌기도 쉽지 않지만 돈을 쓰는 것은 더 어렵다.", "돈은 사업을 위해서 쓰여야지 술을 위해서 쓰여서는 안 된다."라는 말이 있습니다.

'깨끗한 돈' '더러운 돈'을 구별하기보다 '번 돈을 어떻게 써야 할지'를 아는 지혜를 아이들에게 가르쳐야 합니다.

| 실생활에 적용하는 경제 교육 |

돈에 대해서
영악하기보다 현명한 아이로

우리 주변에서는 돈에 대해 미숙하거나 현명한 관리법을 터득하지 못한 어른들을 자주 봅니다. 어린 시절부터 성장한 지금까지 돈을 사용하면서도 올바른 경제 행위를 하지 못하는 가장 큰 이유는 무엇일까요?

아마도 어릴 때부터 너무 오랫동안 부모의 소득에 의존했기 때문일 것입니다. 또한, 자신의 노력으로 돈을 버는 경험을 극히 제한하고 있었다는 점입니다.

"엄마, 나 아르바이트해서 돈을 벌어 보고 싶어요."
"아직 나이도 어린 녀석이 별 쓸데없는 소리를 다하네."
"내가 돈 벌어서 자전거 사고 싶어요."

"시험 100점 받으면 엄마가 사줄게. 너는 공부나 열심히 해."

우리나라 사람들은 이상하게도 돈에 대해서 이중적인 태도를 많이 보입니다. 돈이 삶의 유일한 목표라는 듯이 살아가면서도, 정작 그 돈에 대해서는 필요 이상의 도덕률을 들이대려고 합니다. 특히, 아이들에 대해서는 매우 엄격합니다.

마치 어려서부터 돈을 가까이 하면 타락의 구렁텅이로 빠지기라도 하는 것처럼, 돈으로부터 아이를 지켜야 한다는 강박 관념을 가지고 행동할 때가 많습니다.

하지만 돈에 대한 이런 식의 교육은 아이로 하여금 돈에 대한 이중적 관념을 물려받게 할 뿐입니다. 이것은 아이가 현명한 소비자이자 경제 시민이 되는 길을 막는 것이나 다름없습니다.

많은 사람들이 '돈을 벌기 위해서 아르바이트하는 것'을 '돈을 벌기 위해서라기보다 사회 경험을 쌓고 현실을 배우기 위해서'라는 식으로 말합니다. 이 또한 직접적으로 돈에 대해서 언급하는 것을 꺼려하는 우리의 문화라고도 할 수 있습니다. 하지만 이 말을 엄밀히 살펴보면 앞뒤가 맞지 않습니다.

생활의 거의 모든 분야가 돈을 벌고 쓰는 일에 관련되어 있습니다. 따라서 돈을 버는 일을 하고 있다는 자체가 바로 사회 경험이며, 현실 공부인 것입니다. 당연히 여기에는 돈을 사용하는 일도 포함됩니다.

"일주일에 두 번씩 삼촌 집으로 와서 강아지 목욕시키면 천 원씩 주마. 하지만 약속을 어기거나 제대로 일을 하지 않으면 돈은 줄 수 없어."

"알았어요. 꼭 지킬게요."

"돈은 대충해서 벌기 힘들다. 조카라고 봐주는 일은 없어."

"저도 삼촌이 시킨 일이라고 대충하지 않을 거예요. 두고 보세요."

돈을 버는 행위야말로 사람들이 경제적, 사회적 역할을 수행하고 관계를 유지하고 발전시키는 원동력인 것입니다.

아이가 어릴 때부터 자신의 노력으로 돈을 벌다 보면 자연스럽게 적은 돈의 소중함을 알게 됩니다. 뿐만 아니라 자신이 들인 시간과 노력의 가치, 돈을 벌기 위해서 일하는 동안 다른 일을 하지 못한다는 기회비용의 원리와 선택의 개념, 책임감 등 다양한 경험을 하게 됩니다.

아울러 노동의 중요성과 가치를 알게 됩니다. 또한, 부모가 돈을 벌기 위해서 들이는 시간과 노력이 얼마나 소중하고 고마운 것인지도 자연스럽게 깨달을 수 있게 됩니다. 이 모든 것들이 어찌 돈에 대해서 영악해지는 것이라 하겠습니까. 돈에 대해서 영악한 것과 현명한 것은 분명 많은 차이가 있습니다.

⋯ 계약의 중요성을 일깨워라

 회사원 최 씨는 회사로 찾아온 세일즈맨에게 영어 카세트테이프를 구입하기로 하고 계약서에 서명했습니다. 나중에 자신에게는 별로 필요한 것 같지 않아 다시 취소하려고 했으나 이미 취소 기간이 지나 버렸습니다.

이미 계약서에는 서명을 했기 때문에 고스란히 그 물품대금을 지급해야 했습니다. 무심코 했던 '계약'이 이렇게까지 불이익을 가져오리라고는 미처 생각하지 못한 것입니다.

간혹 어른들 중에도 계약을 할 때 계약서에 나온 조항을 꼼꼼히 살펴보지 않고, 대강 훑어보고 서명하여 나중에 낭패를 보는 경우가 있습니다.

이제 우리 자녀들도 성인이 되고 사회를 살아가다 보면 집을 계약하고, 자동차를 계약하고, 돈을 빌리기 위해 계약하는 일이 많아집니다.

계약은 어렸을 때 부모로부터 그 중요성을 제대로 배워야 성인이 되어 경제 활동을 하는 데 불이익을 당하지 않습니다.

유태인들은 정당한 권리 행사와 약속 이행을 위해서 계약 내용과 상품을 철저히 확인 점검하는 것을 첫 번째 원칙으로 삼습니다. 그렇기 때문에 유태인 상인들은 대금을 지급했다고 해서 상품이 아무 이상 없이 정확하게 도착할 것이라고 무조건 믿는다든지, 상품 발송이 끝났다고 차후에 발생하는 문제에 대해서는 나 몰라라 하는 무책임한 태도를 보이지 않습니다.

유태인들은 '계약의 백성'이라고 불릴 정도로 장사나 사업을 하는 데 있어서 계약에 철저한 민족입니다. 따라서 유태 상술의 진수는 계약에 있다 해도 지나치지 않을 것입니다.

유태인들은 인간이 존재하는 이유가 신과 '존재의 계약'을 맺었기 때문이라고 믿습니다. 유태교는 '계약의 종교'라 불리며, 〈구약성서〉는 '신과 이스라엘 백성 사이의 계약 내용을 기록한 책'이라고 할 정도이니까요.

여기서 한 걸음 더 나아가 '인간과 인간의 계약 역시 신과의 계약과 다를 것이 없다. 절대로 어겨서는 안 된다.'라는 믿음을 가지고 살아갑니다. 유태인 상인들에게 '채무 불이행'이라는 말이 존재하지 않는 것도 이 믿음에서 비롯됩니다. 반대로 유태인 상인이 상대편의 채무 불이행에 대해서 끝까지 그 책임을 묻거나 집요하게 손해 배상을 요구하는 것도 이 같은 이유에서입니다.

일반적으로 우리나라 사람들은 계약이라는 것을 '약자에 대한 강자의 요구'라는 의미로 받아들이는 경향이 있습니다. 그러나 계약에 대한 이러한 생각은 올바른 것이라고 볼 수 없습니다.

'계약'은 어느 한쪽만이 권리를 주장함으로써 다른 한쪽을 강요하고 속박하려는 것이 결코 아닙니다. 계약에 대해서는 모든 성의를 다해서 이행해야 한다는 생각을 유태인들이 가지고 있는 것도, 실은 바로 이 점을 분명하게 인식하고 있기 때문입니다.

즉, 계약이란 서로에게 요구되는 의무이지 절대로 어느 한쪽의 일방적인 특혜를 위한 것이 아니라는 사실을 말입니다.

그렇기 때문에 유태인들 사이에서는 다음과 같은 일이 흔하게 생깁니다.

"안녕하세요? 저는 이 건물의 주인 되는 사람입니다. 이번에 402호에 새로 입주하신 분이시죠?"

"아, 그러세요? 반갑습니다. 그런데 제게 하실 말씀이라도 있으신가요?"

"예, 다름이 아니라 이 건물에 입주하시는 분들에게 저는 별도의 계약 사항을 요구하거든요. 그래서 그 계약서를 보여 드리고 서명을 받으려고 찾아뵀습니다."

"그러세요? 어디 좀 볼 수 있을까요?"

"예, 여기 있습니다."

"…, 그런데 좀 이상하군요. 이 계약서에는 세입자의 의무 사항만 적혀 있는 것 같네요? 이래서는 안 되죠. 좀 들어오시겠습니까? 계약서에 건물주의 의무 사항에 대해서도 구체적으로 명시한 뒤 새로 계약서를 작성하는 게 좋을 것 같군요."

"아, 예! 물론 그래야죠."

이처럼 계약이 얼마나 중요하며, 그 효과가 얼마나 큰지 잘 알고 있기 때문에 유태인 부모는 자녀가 어릴 때부터 계약의 중요성을 강조합니다.

유태인 가정에서 오가는 부모와 자녀 사이의 위와 같은 대화를 보더라도 그들이 계약을 어떻게 생각하는지, 그리고 계약이 얼마나 중요한 것인지를 짐작할 수 있습니다.

"이번 주 공부할 계획 다 세웠니?"

"네. 여기 있어요."

"어디 보자. 월요일은 영어 단어 외우기, 화요일은 수학 문제 풀기, 수요일은 동화책 읽기…. 네가 정한 거니까 반드시 지켜야 한다."

"알았어요. 그 대신 이것을 지키면 엄마도 약속대로 해야 해요."

"물론이지. 약속대로 놀이공원에 데려가 주마."

"정말이죠?"

"그렇지만 네가 지키지 않을 때는 앞으로 한 달 동안 강아지 목욕을

시켜야 한다는 것을 명심해."

"그런데, 금요일까지 지키고 토요일에는 지키지 못했을 때는 어떻게 해요? 그래도 놀이공원에 데려가 주는 거죠?"

"뭐라고? 난 맹세코 너와 그런 계약을 맺은 적이 없단다."

유태인은 계약에 있어서 '적당히'라는 말을 결코 용납하지 않습니다. 때문에 일단 계약한 것은 어떤 일이 있어도 이행합니다. 그런 만큼 그들은 상대편에 대해서도 계약 이행을 엄격하게 요구할 수 있는 것입니다. 그것은 부모와 자식간이라도 마찬가지입니다.

모든 계약을 하나님과의 약속처럼 소중히 생각하는 유태인들, 그렇기 때문에 유태인 부모는 아이들에게 어릴 때부터 계약의 중요성을 가르칩니다. 아이들은 계약의 중요성을 알기에 계약을 한 후에는 성의를 다해서 정직하게 이행할 수 있는 것입니다. 이것이 곧 이스라엘 사회의 '거래의 도(道)' 즉, 상도의 기본이 됩니다.

| 실생활에 적용하는 경제 교육 |
용돈은 계약이다

아이에게 용돈을 줄 때는 대전제를 잊어서는 안 됩니다. 즉, 아이의 돈 관리 능력을 길러주어서 현명한 경제 시민이 되도록 도와주는 것 말입니다.

아이가 성장함에 따라 아이의 용돈 관리 능력은 점차 커지게 마련입니다. 따라서 용돈으로 지급해야 하는 품목을 차차 늘려 갈 필요가 있습니다. 물론 늘어나는 항목만큼 용돈의 액수도 늘려줌으로써 아이가 보다 폭 넓은 소비 생활과 경제 활동을 할 수 있도록 배려하는 것을 잊어서는 안 됩니다.

이처럼 아이에게 용돈을 스스로 관리하게 하는 것은 부모와 자녀 사이의 명백한 계약이라고 생각해야 합니다. 이 계약에는 용돈 지급일과 금액, 용돈 인상일, 용돈 가불 등에 관한 규칙, 용돈으로 지급해야 할 항목 등이 명시되어야 합니다.

그런데 이러한 계약 사항들은 반드시 아이와의 대화를 통해서 정해야 하며, 한번 정해진 계약 내용은 재협상이 있기 전까지 반드시 지켜져야 합니다. 만일 계약 내용을 바꿀 필요가 있을 때는 반드시 부모나 아이 어느 쪽이든 이의를 제기함으로써 토론을 갖는 것이 바람직합니다.

또한, 계약의 내용들은 집집마다 다를 수 있으므로, 가족마다 나름의 가치관과 교육관, 생활 방식을 좇아 조금씩 다르게 계약이 이루어질 수 있음을 미리 아이에게 숙지시켜 주는 것이 좋습니다. 아울러 부모가 사주어야 하는 것인지, 아니면 자신의 용돈에서 써야 하는 것인지 애매한 품목에 대해서는 각 가정들의 평균적인 기준에 따를 수 있음도 명시해야 합니다.

특히, 계약 내용을 가급적 문서화하고, 이를 가족 모두가 알고 있는 곳에 보관하거나 부모와 아이가 한 장씩 나누어 보관하는 것이 바람직합니다. 그래야만 추후에 발생하는 문제들에 대해서 불필요한 분쟁을 막을 수 있고, 아이가 계약 과정을 이해하는 데도 큰 도움이 되기 때문입니다.

그리고 한 가지 주의할 점이 있습니다. 부모와 아이가 함께 외출할 때를 위한 별도의 원칙이 필요합니다. 만일 외출할 때마다 부모가 아이에게 물건을 사준다면, 아이는 늘 부모나 누군가가 자기 몫을 지급해 준다는 생각을 가짐으로써 의존적 성향을 보일 것입니다. 이런 관례가 잦아진다면 아이에게 용돈을 주는 의미가 흐려지게 됩니다.

협상의 강자로 키워라

"여보, 회사에서 안 좋은 일이라도 있었어요? 기운이 없어 보여요."
"오늘 회사에서 내년 연봉 협상을 했는데 결렬됐어."
"당신은 왜 이렇게 협상에 약한 거예요?"
"그야, 사회에 나오기 전까지는 협상이란 걸 해본 적이 없어서 그렇지…."
"이럴 때 협상을 잘하면 얼마나 좋아요."

어른들은 세상을 살아가는 데 협상이 얼마나 중요한지 경험해 본 적이 있을 것입니다. 그런데 정작 자녀들에게는 협상의 중요성에 대해 그냥 지나치는 경향이 있습니다.
협상은 그저 영업을 하는 세일즈맨에게 필요한 것이고, 자신과는 직접적인 연관이 없는 것으로 생각합니다. 그러나 세상에 태어나 살아가는 모든 것은 협상의 연속이라 해도 지나치지 않습니다.

"성빈아, 와서 밥 먹어야지?"

"나, 밥 먹기 싫어."

"그렇게 안 먹으니까, 자꾸 감기도 걸리고 체하는 거야. 이리 와서 한 숟갈만 먹어. 우리 아들 착하지?"

"싫어. 싫어. 나 안 먹을 거야."

"너 자꾸 엄마 속상하게 할래?"

"그럼 밥 먹을게. 천 원 줘."

"그 대신 남기지 말고 다 먹어야 한다."

"네!"

밥투정이 심한 아이들이 이렇게 자신이 할 수 있는 방법으로 협상을 하듯이, 우리가 의식하지 못할 뿐 우리는 지금껏 협상을 하며 살았습니다.

어쩌면 우리가 살고 있는 이 세계는 거대한 협상 테이블이라 할 정도로 싫든 좋든 협상 테이블에 앉게 됩니다. 아주 작게는 가족과의 관계에서부터 나아가 학교, 회사, 사업 등등 크고 작은 협상을 해야 하니까요.

협상이란 상대편으로부터 원하는 것을 얻어내는 것입니다. 그것이 명성이 될 수도 있고, 돈이 될 수도 있고, 사회적 지위나 때로는 사랑이 될 수도 있습니다. 이처럼 협상을 통하여 무엇이든 원하는 것을 얻어냅니다.

21세기의 진정한 강자란 협상에서 진가를 발휘하는 사람입니다. 즉,

협상에 있어서 승리와 이득을 얻어낼 수 있는 '협상의 기술'을 가진 사람이 진정한 강자인 것입니다.

그렇다면 어떻게 우리 아이를 협상의 강자로 키울 수 있을까요?

요즘 부모들 중에서도 자녀가 어디에, 어떻게 돈이 필요하다고 말을 하면 "무슨 애가 돈이야. 집에서 먹여주고 입혀주는데." 하며 말을 딱 잘라 버립니다. 혹은 "넌 아빠가 돈 주는 기계로밖에는 안 보이니?" 등등 아이들을 협상에서 내몰 때가 있습니다. 또는, 너무나 풍족하게 용돈을 주어 아예 협상의 필요성을 느끼지 못하게 하기도 합니다. "아빠 5천 원만 주세요?"라고 아이가 말했을 때, "그래. 5천 원이면 되겠니? 더 필요하면 아빠한테 말해라."라고 말하는 경우이지요. 이렇게 달라는 대로 다 주는데 굳이 협상을 해야 할 필요가 없겠지요.

유태 민족은 5천 년의 역사를 통틀어 근세 이후를 제외하고는 언제나 약자의 입장에 서 있었습니다. 따라서 그들은 협상 테이블에 앉을 때마다 불리한 입장에 내몰리는 경우가 많았습니다.

그럼에도 그들은 언제나 세련된 협상술을 발휘함으로써 승리를 얻어냈습니다. 역사를 통해서 다져진 유태인들의 교섭 기술은 오늘날까지 어떤 협상 테이블에서든 절대 강자로 군림하게 만들었습니다.

이처럼 유태인들이 불리한 협상을 승리로 이끌어 가는 방법은 가정에서 어릴 때부터 훈련된 결과라 할 수 있습니다.

"엄마, 이제 일주일만 있으면 저도 한 살 더 먹어요."

"그렇구나. 한 살 더 먹은 만큼 더욱 성숙해져야지."

"근데 엄마, 저 드릴 말씀이 있어요."

"무슨 말인데?"

"저, 용돈 좀 올려주세요."

"용돈? 용돈을 왜 올려줘야 하는지 엄마가 이해할 수 있도록 말해 줄래?"

"며칠 전부터 곰곰이 생각해 봤는데요. 제가 4학년이 되면 돈 쓸 곳이 지금보다 훨씬 많아지게 될 거예요. 첫째, 학용품도 더 많이 필요할 테고, 둘째, 책도 더 많이 사 봐야 해요. 그리고 지금보다 물가가 오르니까 거기에 맞게 용돈도 올려줘야 한다고 생각해요."

"얼마나 올려주길 바라니?"

"지금 용돈에서 10% 더 인상해 주세요."

"하지만 그건 너무 많을 것 같은데."

"이번 주 내내 고민하고 생각했어요."

"그럼 엄마에게도 생각할 시간을 주겠니?"

"알겠어요. 이번 주말까지 어떻게 할 건지 얘기해 주세요."

"그런데 엄마도 한 가지 제안할 게 있어."

"뭔데요?"

"용돈을 10% 올려주면 지금 네가 말한 것을 반드시 지켜야 한단다."

"그야 물론이지요."

"오늘 이야기 나눈 것을 기록해서 가져오렴."

이와 같이 유태인 아이들 가운데에는 용돈을 조금이라도 더 받기 위해 부모와 협상을 하는 모습을 종종 볼 수 있습니다. 어떻게 보면 부모 자식간이 채무 관계로 비추어져서 싫을 수도 있고 지나치게 깍쟁이처럼 보일 수도 있습니다.

하지만 이런 과정을 통하여 아이들은 협상의 테크닉을 배우게 됩니다. 무조건 부모에게 용돈을 올려 달라고 하기보다 어디에 어떻게 용돈이 필요한지 조목조목 설명하는 태도가 습관이 되기 때문입니다.

유태인들은 사회를 상대로 벌이는 협상이든, 비즈니스 세계에서의 협상이든 거시적 안목과 사고방식을 가지고 임합니다. 이러한 사고방식은 결코 하루아침에 생기는 것이 아닙니다. 어떤 상황에서든 자신에게 유리한 결과를 이끌어내기 위해서는 다른 사람들보다 한발 앞선 준비가 필요합니다. 자녀를 협상의 강자로 키우고 싶다면, 지금부터라도 가정에서 협상을 시작해야 합니다.

| 실생활에 적용하는 경제 교육 |

아이의 돈벌이에도
협상이 필요하다

아이가 돈을 벌 수 있는 기회를 가져 여분의 소득이 생길 때 주의해야 할 점이 있습니다. 바로 돈의 쓰임새와 일의 종류에 대한 것입니다. 아이가 번 돈이 단지 소비 욕구나 충족시키는 목적으로 지출된다면 교육적 의미는 전혀 없는 것이나 다름없습니다.

돈을 버는 경험을 하게 된 아이에게 부모는 일의 종류, 일하는 시간에 대해서 분명한 제한을 둘 필요가 있습니다. 또한, 일을 하는 목적과 번 돈의 사용처에 대해서도 세심한 지도가 있어야 합니다.

동생을 돌보거나 자기 방을 청소하는 등의 일에 대해서 가족끼리 보수를 지급할 이유는 없습니다. 그러나 특별한 시간의 문제가 개입될 때는 얘기가 달라집니다.

예를 들어, 주말이나 공휴일처럼 아이도 나름의 자유 시간을 갖고 싶어 할 때 동생을 돌봐 달라고 부탁하고자 한다면, 부모는 적당한 보수의 지급을 고려해야 합니다. 또한, 벽장, 책, 재활용품 등의 정리나 동생 공부시키기, 동생 동화책 읽어주기 등은 아이에게 여분의 노동력과 책임을 요구하는 것이기 때문에 보수를 지급해야 할 필요가 있습니다.

그런데 집안일일 경우, 이웃집에서 같은 일을 같은 시간 동안 하는 것보다 적은 보수를 지급해도 괜찮습니다. 대신 가족의 공동 책임에 대해서 충분히 이해시켜야 합니다.

그리고 이런 경우에는 어떤 일을 어떻게 하고, 어느 정도의 보수를 줄 것인지에 대해서 명확히 해야 합니다. 이는 부모와 자녀간의 기초적인 경제 협상이라고 할 수 있습니다. 아무리 가족의 일이라도 보수를 받을 때는 협상과 계약 관계가 따르는 것입니다.

반대로 아이에게는 다른 사람들의 일을 수행할 때보다 더 큰 책임이 따른다는 것을 가르쳐야 합니다. 부모는 아이가 돈을 버는 일을 통해서 돈과 노동의 가치, 그리고 기회비용과 선택의 중요성을 가르치려는 것이지 아이를 돈의 노예로 만들고 싶은 게 아니기 때문입니다.

⋯ 시간을 소중히 여기게 하라

시간 앞에서 모든 사람은 평등합니다. 하루 24시간은 한 치의 오차도 없이 누구에게나 공평하게 주어지니까요.

"영우야, 엄마 백화점 갔다 올 테니까 동생이랑 싸우지 말고 놀고 있어."
"몇 시쯤에 올 건데요?"
"금세 올 거야."
"금세가 언제인데요?"
"5시 전까지는 올게."
"정말이죠? 나 5시에 친구랑 인라인스케이트 타러 가기로 했으니까 늦으면 안 돼요."

"그래. 금세 갔다 올 테니까 잘 놀고 있어."

영우 엄마는 안심하고 백화점 쇼핑을 갔습니다. 한창 세일 기간이라 이것저것 쇼핑을 하다 보니, 벌써 7시가 넘어 버렸습니다.

"영우야, 엄마 늦었지?"
"왜 시간 약속을 안 지켜요? 엄마 때문에 친구랑 인라인스케이트도 못 탔잖아요."
"깜빡했어. 겨우 두 시간밖에 안 늦었잖아. 지금 타고 와."
"엄마 때문에 난 2시간을 그냥 집에서 보내야 했어요."

사실 우리나라 사람들에게는 '코리안 타임'이라는 말이 있을 정도로 시간관념이 철저하지 못합니다. 이렇게 시간관념이 부족한 사회에서 부모가 아이에게 시간을 잘 활용하도록 요구한다는 것은 어려운 일이 아닐까 싶습니다. 부모 역시 시간 활용을 잘하지 못하여 낭패를 본 경험이 있을 테니까요.
〈탈무드〉에서는 시간과 관련해서 다음과 같은 격언이 전해집니다.

인간을 재는 데는 네 가지 척도가 있다. 돈, 술, 여자, 시간에 대한 태도가 그것이다. 그런데 이 네 가지에는 공통점이 있다. 매력적이지만 도를 지나쳐서는 안 된다는 점이다.

그런데 이 네 가지 가운데에서 처음 세 가지는 누구나 조심을 하는 편입니다. 그러나 딱 한 가지 사람들이 크게 조심하지 않는 것이 바로 시간입니다. 그래서 사람들 가운데에는 시간을 함부로 쓰는 이들이 많은 것입니다.

또한, 〈탈무드〉에서는

그 어떤 사람도 경멸해서는 안 되며, 그 어떤 물건도 멀리해서는 안 된다. 왜냐하면 시간을 갖고 있지 않은 사람은 없으며, 장소를 확보하고 있지 않은 물건은 없기 때문이다.

라는 말이 전해집니다.

유태 역사상 불멸의 업적을 남긴 율법 학자이자 사상가이며, 유태 철학의 스승으로 평가받고 있는 마이모니데스라는 사람은 이집트 왕을 보살피던 의사였습니다. 그는 오전에는 궁중에서 일했고, 오후에는 귀족들의 집으로 왕진을 나갔고, 저녁에는 자신의 집으로 찾아오는 민중을 치료했고, 그 후에는 동이 틀 무렵까지 의약을 연구했습니다. 그리고 몇 시간밖에 되지 않는 사적인 시간에는 유태교의 율법을 연구하며 집필에 전념했습니다.

그 결과 마이모니데스는 시간을 자신의 편으로 만들 수 있었고, 자신만의 독자적인 관점으로 〈탈무드〉와 〈토라〉, 유태교 신학, 의학 등 수천 페이지의 위대한 저술을 남길 수 있었습니다.

이처럼 개인의 성공과 실패는 모든 사람에게 평등하게 주어진 시간을 어떻게 자기편으로 만드느냐에 달려 있습니다.

유태인은 비즈니스에 있어서도 '시간은 황금'이라는 절대 가치를 잊지 않습니다.

예를 들어, 유태인들은 하루 8시간의 근무 시간을 '1초에 얼마'라는 식으로 생각하며 일을 합니다.

가령, 한 달에 20만 달러를 받는 유태인이라면 하루에 8천 달러, 1시간에 1천 달러, 1분이면 71달러 정도를 벌고 있다는 것을 알고 있습니다. 그렇기 때문에 근무 시간 중에는 단 1분이라도 쓸데없는 일에 시간을 허비하지 않습니다. 만일 5분을 업무 외에 소비했다면 그는 355달러를 도둑맞았다고 생각할 정도입니다.

이처럼 시간에 정확한 유태인들은 어릴 때부터 정해진 시간 안에 모든 일을 마치는 훈련을 받으며 자랍니다. 이는 종교의 영향 때문이기도 하지만, 이로 인해서 유태인들의 시간 개념은 철저할 정도로 단련되어 있습니다.

유태인들은 자녀의 성년식 때 손목시계를 선물하는 전통이 있는데, 여기에는 '시간을 잘 지키고 활용할 줄 아는 사람이 되라.'는 부모의 바람이 담겨 있기도 합니다.

유태 상술의 격언에 "시간을 훔치지 마라."는 말이 있는데, 이는 돈벌이에 연결되는 격언이라기보다 유태 상술의 에티켓을 설명하고 있는 것이라 할 수 있습니다. 즉, "시간을 훔치지 마라"는 말은 단 1분 1초라도 다른 사람의 시간을 허비하게 해서는 안 된다는 의미입니다.

유태인들은 상품이나 금고 속에 넣어둔 돈을 도둑맞는 것과 똑같이 시간도 도둑맞는다고 생각합니다.

| 실생활에 적용하는 경제 교육 |

시간과 돈의 가치 비교

"어떻게 해야 하지? 이 가게에서는 800원이면 고칠 수 있는데 내일 다시 와야 하고, 동네에서 고치면 1,000원을 받지만 바로 신을 수 있는데…."

"엄마, 왜 고민해요? 차비까지 해도 이 가게에서 고치는 게 더 싸잖아요."

"하지만 내일 다시 이 가게까지 왔다 갔다 하는 시간이 아깝지 않니. 그 시간에 집안일을 얼마나 많이 할 수 있는데."

수선비와 왕복 교통비는 아이도 쉽게 비교할 수 있는 돈의 단위로 환산되지만, 오가는 동안 걸리는 시간이나 다음 날까지 구두를 신지 못하는 불편함 등은 금액으로 환산하기가 어려운 것입니다. 그런데 때로는 돈으로 환산하기 어려운 시간을 절약하는 것이 올바른 소비 행위일 수 있습니다.

우리는 일상생활에서 위와 같은 경우를 자주 겪는데, 그럴 때마다 대개 부모의 판단에 따라 결론을 내립니다. 하지만 이럴 때는 함께 물건을 사러 간 아이와 의논하는 습관을 갖는 것이 교육적으로 좋습니다. 다른 사람의 가치 판단에 대한 고려가 경제적인 소비를 가능하게 해주기 때문입니다.

아이에게 시간의 가치와 화폐의 가치를 비교하는 것은 어른들처럼 간단한 문제가 결코 아닙니다.

아이에게 시간의 가치를 가르치기 위해서는, 먼저 가족 구성원이 시간을 아껴 쓰고 시간 약속을 잘 지키는 모습을 보여주는 것이 중요합니다.

위와 같은 갈등의 상황에서 '편하려고', '귀찮으니까' 하는 식의 단순한 이유를 들어 행동의 방향을 정하는 것은 아이의 경제 교육에 아무런 도움이 되지 않습니다. 여러 장단점을 신중히 생각해 본 다음에 행동하는 모습을 아이에게 보여주는 것이 바람직합니다. 아이의 경제적 판단 능력을 길러주는 데 좋은 지침이 될 수 있습니다.

🏰 … 약속은 반드시 지키게 하라

앞서 우리는 시간의 중요성에 대하여 살펴보았습니다. 시간만큼 중요한 것이 바로 약속입니다.

우리 부모들은 자녀들에게 '거짓말하지 마라'고 귀에 못이 박히게 말합니다. 그런데 정작 부모들은 자녀들에게 거짓말을 아무렇지도 않게, 그리고 비일비재하게 합니다.

"일등만 해봐. 네가 원하는 건 뭐든 들어주마."
"오늘은 아빠가 너무 피곤하니까 다음에 꼭 야구장에 가자."
"엄마 찾는 전화 오면 없다고 해."
"엄마가 네 돈 가지고 있다가 다음에 너 필요할 때 줄게."

이처럼 너무나 쉽게 거짓말을 하는 우리 부모들에게서 아이들은 무엇을 배울까요.

자녀들은 부모가 어떤 약속을 하면 많은 기대를 가지고 기다립니다. 하지만 부모가 아무렇지도 않게 약속을 어겼을 때 자녀들은 어떻게 될까요?

처음에는 실망을 하고, 나중에는 점차 부모를 믿지 못하게 됩니다. 그와 동시에 부모가 가지고 있던 신용도 서서히 떨어지게 됩니다. 이런 부모 밑에서 성장하는 아이들 역시 결국에는 신용이 떨어지는 어른이 될 것입니다.

"아빠, 내일 수영장 가기로 한 약속 잊지 않으셨죠?"
"그게 내일이었니? 내일 갑자기 회사에 급한 일이 생겨서 가야 하는데…."
"아빠가 수학 시험 100점 맞으면 수영장 간다고 약속했잖아요."
"대신 아빠가 용돈 줄 테니까, 수영장에는 다음에 가자."
"아빠는 나랑 한 약속은 항상 지키지 않아요! 아빠 미워요!"
"회사 일이 바쁜 걸 어떡하니?"
"아빠는 지금까지도 약속한 거 잊고 있었잖아요."

반면에 유태인들은 자기 자신이 지키지 못할 약속을 '선의의 거짓말'이라는 미명 아래 자녀에게 전하는 법이 없습니다. 그들은 그러한 거짓말이 잠깐의 도움은 될 수 있지만, 결국에는 아이에게 상처를 줄 수 있을 뿐만 아니라 장기적인 안목으로 볼 때 자녀 교육에도 악영향을 미친다고 생각하기 때문입니다.

따라서 유태인 부모들은 자녀들에게 약속은 꼭 지켜야 하는 것이라고 가르칩니다. 더불어 아이들과 한 약속은 반드시 실천에 옮기기 위해 노력합니다. 특히, 아이에게 빌린 돈은 약속한 대로 정확히 갚는 것을 원칙으로 합니다.

엄마가 아이에게서 빌린 돈을 자꾸 잊거나 대수롭지 않게 생각해 갚지 않는다면 아이도 엄마에게서 가져간 돈을 그렇게 여기게 마련입니다. 결국 아이는 다른 사람들과 더불어 사는 경제 사회에서의 약속을 자기에게 유리하게 해석해 잊어버릴 수 있다는 뜻이기도 합니다.

따라서 유태인 부모들은 아무리 하찮은 약속이라도 그것이 아이들에게는 얼마나 중요한 약속인지 항상 기억합니다.

"엄마 10살이 되면 캠프에 보내주신다고 하셨죠?"
"그래. 어려서 너 혼자는 여행에 갈 수 없으니까."
"이번 주 토요일이 바로 10번째 맞는 내 생일이에요. 그러니까 이번 주말에 열리는 캠프에 보내주세요. 그걸로 생일 선물은 대신할게요."
"생일 선물?"
"네. 10번째 맞는 생일날 캠프 가는 게 소원이었거든요. 저도 이제 십대잖아요."

"하하, 너도 이제 십대가 되는구나. 그래. 매년 생일 때마다 캠프에 보내줄게. 한 살 더 먹는 것을 축하하는 의미로 말이야."

"엄마, 약속하는 거지요?"

"물론이지. 엄마는 절대로 너와 한 약속은 어기지 않으니까."

이처럼 자녀와 한 약속이건, 친구와 한 약속이건 유태인들은 허술한 이유로 약속을 취소하는 법이 없습니다. 일단 승낙했다가 나중에 취소하면 된다고 생각할 수도 있겠지만, 그로 인해 상대편이 고통받거나 어려움을 겪을 수도 있다는 생각에서입니다.

유태인들은 아무리 사소한 약속일지라도 약속을 어기는 것은 자신에 대한 평가를 떨어뜨리는 결과를 가져올 뿐만 아니라 언젠가는 큰 빚이 되어 자신에게 돌아올 것이라고 믿습니다. 오랜 시간 동안 박해를 참고 견뎌낸 유태인들은 이러한 이치를 잘 알고 있기 때문에 어떤 약속이라도 목숨처럼 소중하게 생각하는 것입니다.

만약, 어쩔 수 없이 약속을 취소해야 할 상황이 생긴다면 타당한 이유를 들어 상대편을 이해시킵니다. 일방적으로 약속을 어기는 것은 상대편을 배려하지 않는 사람으로 비추어질 수 있기 때문입니다.

또한, 유태인들이 약속을 할 때는 '몇 월 며칠 몇 시부터 몇 분간'이라고 비교적 정확하게 합니다. 이를테면 '10월 30일 오후 4시부터 4시 30분까지 만나주실 수 있겠습니까?' 라고 말입니다. 보통 우리나라 사람들은 '이번 주말에 만나자. 금요일쯤 다시 통화하자.' 라고 하는데 이것은 매우 비효율적인 것입니다. 다시 전화를 하는 데 드는 비용, 시간 등을 고려한다면 말입니다.

유태인 상인들은 약속 시간을 짧게는 10분 혹은 5분으로 정하는 경우가 많은데, 약속 시간을 지키지 않으면 기다리거나 다음으로 연기하지 않습니다. 그리고 약속을 지키지 않는 사람에게 돈을 빌려주거나 같이 사업을 하지 않습니다.

왜냐하면 작은 약속을 지키지 않는 사람은 큰 약속도 지킬 수 없다고 생각하기 때문입니다. 뿐만 아니라 그런 사람은 배신하기 쉬운 사람으로 판단합니다. 때문에 유태인들은 아무리 작은 약속이라도 그것이 곧 신용과 직결된다고 믿고 철저히 지킵니다.

그들은 경제 원리에 있어서 신용이 얼마나 중요한지 알고 있습니다. 화폐는 사회적인 약속이므로 아이들은 어릴 때부터 경제의 논리를 받아들이게 됩니다.

유태 격언에 '평판은 최선의 소개장이다.' 라는 말이 있습니다. 유태인들은 비즈니스에서 격언을 그대로 실천합니다. 작은 약속이라도 어기면, 일단 자신에 대한 평가를 떨어뜨리는 것이기에 철저히 약속을 지켜온 유태인. 이것이 밑바탕에 깔려 있었기에 오늘날 유태인들이 세계 경제를 지배할 수 있었던 것입니다.

| 실생활에 적용하는 경제 교육 |

경제 교육을 위한 부모의 7가지 원칙

첫째, 참을성을 가져야 한다.

아이가 효과적으로 돈을 다루기까지에는 적지 않은 시간이 필요하다는 사실을 이해하고 여유를 갖는 것이 필요하다.

둘째, 개개인의 특성을 파악하고 존중해야 한다.

배움이 시작되는 시기와 발전의 속도, 능력에는 아이들마다 차이를 보이게 마련이다. 마찬가지로 돈에 대해서 아이들이 갖는 태도와 그 관리 능력은 같은 또래 아이라도 똑같을 수 없다.

셋째, 가족의 소득과 지출 등을 관리하기 위해서 금전 관리 모임을 갖는 것이 바람직하다.

그럼으로써 가족 구성원들이 가계가 처한 상황과 문제를 함께 인식할 수 있기 때문이다. 이런 과정을 거쳐야 가계를 위한 장단기 재정적 목표를 세울 수 있고, 협력하면서 서로를 격려할 수 있다.

넷째, 경제 교육은 일관성을 지녀야 한다.

물론 아이의 연령과 특성에 따라 융통성이 필요하기도 하지만, 지나치게 가변적인 경제 교육으로는 경제적 원칙을 심어줄 수 없다.

다섯째, 어떻게 경제생활을 하는 것인지 부모가 직접 자녀에게 모범을 보이는 것이 가장 교육 효과가 높다.

부모가 예산 계획을 세우고 가계부를 적는 모습을 보여주는 것만으로도 아이의 경제 교육에 좋은 모델이 되며, 관찰 학습의 예가 된다.

여섯째, 성공의 경험만으로 경제 교육을 할 수 있는 것은 아니다.

실수와 실패를 통해서도 아이들은 경제를 배우게 된다. 예를 들어, 아이가 광고를 보고 상품을 사고 나서 광고 내용과 상품이 다를 수 있다는 사실을 깨달을 수도 있는 것이다.

일곱째, 부모가 일일이 지시하지 말고, 가능하면 아이를 안내하고 충고하는 형태가 되어야 한다.

부모가 제안을 하는 것이 아니라 돈의 사용법을 일일이 결정하다 보면, 아이는 피곤을 느끼거나 자신감을 잃게 된다.

🏰 ⋯ 재치 있는 유머는 돈을 부른다

우리 민족은 예로부터 은근한 해학을 가지고 있었습니다. 그리고 이 해학은 우리 민족이 어려움을 당할 때마다 고단한 현실을 극복할 수 있는 힘이 되었습니다. 그런가 하면 가정에서나 일상생활에서나 우리네 해학은 기름지고 밝은 삶을 살아가도록 도왔습니다.

그러나 언제부터인가 우리나라 사람들은 하루하루 숨 가쁘게 살아가는 일상에 중독되면서 웃음과 여유를 잃어 가고 있었습니다.

"엄마, 나 오늘 웃긴 얘기 들었는데 해줄까?"
"또 쓸데없는 소리한다. 학원 늦겠다. 어서 학원이나 가."
"엄마는 내가 무슨 말만 하려고 하면 쓸데없는 소리래…."

돈을 많이 번 부자들에게는 공통적으로 해당하는 것들이 있습니다. 이미 앞에서 열거한 것들 외에도 유머러스하다는 것입니다.

유머러스한 사람은 호감을 주게 마련입니다. 결혼을 앞둔 젊은 남녀들이 유머 감각을 지닌 배우자를 선호하고 기업에서도 같은 실력이라면 유머 감각이 뛰어난 인재를 뽑는 것이 이와 같은 맥락이 아닐까요.

흔히 유태인들을 가리켜 감정을 다루는 기술의 대가라고 부릅니다. 유태인들이 이렇게 불리는 가장 결정적인 이유는 그들은 해학을 만드는 탁월한 기술이 있기 때문입니다. 그리고 이 기술을 이용해서 모든 비즈니스의 협상과 계약을 항상 부드럽게, 그러면서도 어느새 자신들에게 유리하게 끌어갈 줄 아는 지혜를 발휘합니다.

예를 들어, 중요한 계약을 위한 협상이 양측의 첨예한 이해관계 대립으로 분위기가 무거울 때 유태인들은 간혹 다음과 같은 우스갯소리를 합니다.

"분위기가 조금 무거워지는 것 같군요. 제가 분위기 전환을 위해서 유태 민족의 오래된 농담을 하나 들려드리죠."

"어디 한번 들어 봅시다."

"바다에서 표류당한 두 사람의 유태인이 구명보트에 의지해 간신히 목숨을 지탱하고 있었답니다. 어디를 둘러보아도 망망한 바다뿐이었죠. 그들이 그 위급한 순간에 제일 먼저 뭘 했겠습니까?"

"글쎄요. 고기라도 잡지 않았을까요?"

"아닙니다. 역시 유태교도답게 한 유태인이 간절한 마음으로 기도를 시작했답니다. '오, 하나님! 만약 저를 구해주신다면 재산의 절반을 바치겠습니다.' 라고 말입니다."

"그것 참, 그 상황에서도 하나님과 협상을 벌이고 있는 건가요?"

"바로 그렇습니다. 하지만 기도에 대한 응답은 전혀 없이 오히려 비바람과 파도만 심해질 뿐이었답니다. 그러자 그 유태인은 더욱 간절하게 '오, 하나님! 살려주십시오! 살려주신다면 재산의 3분의 2를 하나님께 바치겠습니다.' 라고 기도를 드렸습니다."

"그래서 결국은 구조가 됐나요?"

"아닙니다. 풍랑은 잠잠해졌지만 다음 날 아침까지도 구원의 희망은 보이질 않았죠. 그러자 그 유태인은 다시 더욱 간절한 목소리로 '하나님, 제발 저의 이 간절한 기도를 들어주십시오. 목숨만 구해 주신다면 저의 재산…' 하고 기도를 시작하려 했답니다. 그런데 그 순간 다른 한 유태인이 다급하게 외쳤답니다. 뭐라고 했는지 아시겠습니까?"

"모르겠습니다. 뭐라고 했죠?"

"계속 잠자코 있던 다른 유태인 왈, '이봐, 거래를 중단해! 저기 섬이 보여!' 라고 했다는군요."

"예? 거래를 중단하라고요? 하하하, 재미있군요. 아주 재미있어요."

이렇게 재미있는 이야기로 반전된 협상의 분위기는 계약까지 오래 걸리지 않을 것입니다. 그런데 유태인의 이와 같은 유머는 독특할 뿐만 아니라 동시에 그 속에는 치밀한 계산이 깔려 있습니다.

위의 이야기는 마치 같은 유태 민족의 흉을 보고 있는 듯한 느낌을 주기도 합니다. '철저한 계약과 흥정의 민족'이라는 식으로 말입니다. 하지만 그 느낌은 비즈니스의 상대편이 유태인에게 보이고 있던 경계심과 긴장을 일순 허무는 효과를 가지고 옵니다.

그 이야기 속에서 유태인인 자신들을 낮추고 있는 데다, 계약을 위한 협상을 진행하는 자리에서 너무도 쉽게 계약 파기를 하는 유태인의 이야기를 함으로써 '설마 실제로는 안 그렇겠지.' 하는 생각을 갖게 하기 때문입니다.

그래서 유태인들이 이런 고도의 심리전과 계산된 허점 노출을 통한 상대편의 마음잡기에 능하다고 하는 것입니다.

이러한 유태인의 재치와 유머는 하루아침에 생긴 것은 아닙니다. 유태인들은 어릴 때부터 그들 부모들에게서 세상을 진지하면서도 쾌활하고 즐겁게, 그리고 열정을 가지고 살아갈 줄 아는 사람으로 훈련받습니다.

"히브리 어에 '호프마'라는 말이 있단다."
"그게 무슨 뜻이에요?"
"이 말은 '지혜'와 '농담'이라는 뜻을 함께 가지고 있는 말인데 결국 지혜와 지성을 갖춘 사람만이 수준 높은 유머 감각을 가질 수 있다는 말이야. 그리고 수준 높은 유머는 어떠한 위급한 상황에서도 여유를 갖게 한단다. 네가 장차 사업을 하거나 비즈니스의 자리에 섰을 때가 아니더라도 지금 우리가 생활하는 데 반드시 필요하단다."

　유태인 부모는 유머 속에 날카로운 풍자가 번뜩이고, 인간의 삶에 지워진 한계성을 지적해 주는 철학이 담길 수 있도록 가르칩니다. 다시 말해서 유태인 부모가 자녀들에게 가르치는 유머에는 일회성의 실소보다는 두고두고 곱씹게 만드는 유머입니다.

　유태인들은 어떤 어려운 상황에 처하게 되더라도 유머를 잃지 않아야 한다고 가르칩니다. 비즈니스에서 유머는 단순히 웃고 넘기는 것에 그치는 것이 아니라 다른 사람의 마음을 움직여 유리한 상황으로 이끌 수 있기 때문입니다.

　이렇게 언제 어디서나 유머를 발휘할 수 있는 사람은 비즈니스 상에서 혹은 생활 속에서 어려움이 닥치더라도 이에 좌절하지 않고 최선의 해결책을 찾을 수 있습니다.

| 실생활에 적용하는 경제 교육 |

아이의 소비 욕구에 거짓말 대응은 금물

아이들은 부모에게 크고 작은 물건을 끊임없이 사 달라고 졸라댑니다. 하지만 부모가 아이의 끝없는 요구를 일일이 들어줄 수는 없습니다. 그런 까닭에 많은 부모가 그 순간을 모면하기 위해서 '나중에', '다음에' 라는 말을 습관처럼 합니다. 그러다 보니 본의 아니게 아이에게서 거짓말쟁이라는 오해를 받게 됩니다.

"야, 우리 엄마는 순 거짓말쟁이다! 내가 뭘 사 달라고만 하면 무조건 '지금은 안 되니까 다음에!' 라고 말하고는 결국엔 한 번도 약속을 안 지키거든."

"그러니? 우리 엄마 아빠는 안 그러는데? 전에 내가 시험 잘 보면 디지몬 인형 사준다고 했는데, 저번 시험에서 100점 받았더니 정말 사주셨어."

"넌 좋겠다. 우리 엄마 아빠도 약속 좀 지켜주셨으면 좋겠는데."

처음에는 부모의 말을 믿고 자신의 욕구를 지연시키곤 하던 아이도 부모의 약속이 매번 지켜지지 않다 보면, 엄마나 아빠를 불신하기 시작합니다. 심하면 부모 앞에서 거짓말쟁이라고 비난하기도 할 것입니다.

순간의 번거로움 때문에 아이에게 지키지 못할 약속을 남발하는 것은 교육적으로나, 아이에 대한 부모의 신용이라는 면에서나 좋지가 않습니다. 다소 시간이 오래 걸리더라도 아이를 이해시키기 위해 정확한 상황을 설명해 주고 설득하는 것이 바람직합니다. 그것이 거짓말쟁이 부모가 되는 것보다 훨씬 낫습니다.

지금 당장 갖고 싶은 것을 얻고자 하는 아이에게 조금만 참았다가 그 물건을 얻는 기쁨을 경험하게 해주는 것도 아이의 경제 교육에 긍정적인 영향을 줄 수 있습니다.

나중에 생일 선물로 사준다든지, 크리스마스 때를 기약함으로써 아이가 그 물건에 더 큰 의미를 갖게 할 수도 있습니다. 또한, 생일이나 크리스마스를 손꼽아 기다리던 아이의 생각이 도중에 달라질 수도 있는 것입니다. 아이들은 무척 갖고 싶어 하던 물건에 대해서도 금세 관심이 시들해지는 경우가 많기 때문입니다.

이처럼 아이의 욕구를 조금만 지연시켜 줌으로써 바로 사주었을 때보다 물건에 대한 더 큰 애정을 갖게 할 수 있습니다. 이렇게 함으로써 한두 번 갖고 놀다가 금세 싫증을 내는 아이의 변덕도 막을 수 있을 것입니다.

아무리 부자라 할지라도
자선을 행할 줄 모르는 사람은,
맛있는 요리가 소금도 없이
식탁에 가득한 것과 같다.
촛불은 다른 많은 초에 불을 나누어 붙여도
처음의 빛이 약해지지 않는다.

3

아이에게 돈의 가치를 일깨워주는 법

돈의 가치는 합리적, 현실적으로 가르쳐라

우리나라 사람들은 오랜 옛날부터 돈을 멀리하라는 교육을 해왔습니다. 이러한 교육의 전통은 오늘날에도 많이 남아 있는 듯합니다.

"엄마, 전에 이모가 나한테 주고 간 돈 있죠?"
"그래. 엄마가 잘 보관했다가 저금해 준다고 했잖아."
"저, 그 돈 도로 주세요."
"뭐하게?"
"친구들하고 맛있는 거 사먹기로 했어요."
"뭐라고? 안 돼! 군것질 같은 거 하지 말고 나중에 학용품 사 쓰란 말이야."
"싫어요! 지금 필요하단 말이에요! 내 돈이잖아요, 빨리 줘요."

"아니, 너는 어떻게 된 애가 어쩜 그렇게 돈을 밝히니? 못 써요! 어려서부터 돈만 알면."

위의 대화에서도 보듯이 우리나라의 부모들은 지금도 아이들에게, 돈이란 너무 가까이 해서는 안 되는 것이라는 교육을 알게 모르게 하고 있습니다.

그런데 이상한 것은 그런 교육에도 불구하고 예나 지금이나 돈을 멀리하려는 사람보다는 어떤 비정상적인 방법을 써서라도 돈을 많이 벌고 보겠다는 사람들이 많다는 사실입니다.

이에 대해서 많은 교육학자들은 우리 부모들이 돈에 관한 한 이중적인 가치관과 이중적인 교육을 하고 있다고 말합니다.

즉, 교육적으로나 도덕적으로는 돈을 멀리하라고 아이들에게 가르치지만, 현실 생활 속에서는 부모들 스스로 돈에 지나치게 집착하는 모습을 보인다는 것입니다.

돈에 대한 우리 사회의 이중적인 교육과 가치관은 오히려, 다른 사람들이 알아차리지만 못한다면 비상식적인 방법을 써서라도 다른 누구보다 많은 돈을 벌고야 말겠다는 비뚤어진 집착을 낳게 합니다. 그리고 돈에 대한 비뚤어진 집착은 다른 사람의 부와 성공을 의심과 질시의 눈으로 보게 하는 잘못된 풍조를 낳고 있습니다.

사람들은 흔히 유태인이 돈밖에 모른다거나 너무 인색한 민족이라는 편견을 가지고 있습니다. 물론 유태인들이 '돈 있는 사람=훌륭한 사람, 돈 없는 사람=못난 사람'이라는 식의 인생관 내지 가치관을 가지고 있을 정도로 거의 모든 기준을 돈에 두는 게 사실입니다.

이와 반대로 유태인에게 있어서 청빈한 학자 같은 이는 결코 존경의 대상이 아닙니다. 학문과 지식이 아무리 뛰어나도 가난을 면치 못하면 경멸을 받습니다.

'자신의 돈을 제대로 쓸 수 있는 사람이 훌륭한 사람이다.'라는 유태인의 독특한 가치관은 그들에게 돈에 대한 강렬한 집념을 불러일으킵니다.

이와 같은 유태인의 돈에 대한 집념을 말해 주는 〈탈무드〉의 이야기가 있습니다.

한 유태인 부자가 임종 직전에 집안사람들을 불러 모아놓고 말했다. "내 모든 재산을 현금으로 바꿔라. 그리고 그 돈으로 세상에서 가장 비싼 침대와 이불을 사고, 남은 돈은 내 관 속에 넣어라. 저 세상으로 갈 때 다 가져가련다."

집안 식구들은 모든 것을 그의 말대로 준비해 주었다. 마침내 그 부자는 머리맡의 현금 뭉치를 만족스럽게 바라보며 숨을 거두었고, 가족들은 장례를 치르려고 했다.

그런데 갑자기 부자의 친구가 뒤늦게 달려오더니 슬피 울기 시작했다. 그런데 가족들이 그를 진정시키며 부자의 유언을 들려주었다.

그러자 부자의 친구는 재빨리 주머니에서 수표책을 꺼내 금액을 적고 사인을 한 다음 그것을 관 속에 넣었다. 그리고는 부자의 관 속에 있는 모든 현금을 꺼내고 나서 죽은 시체의 어깨를 툭 치며 이렇게 말했다.

"현금과 동일한 액수의 수표라네. 자네가 손해 볼 게 하나도 없지 않나?"

그러나 돈에 대한 유태인의 가치관 속에는 한 가지 흘려 버려서는 안 될 중요한 전제가 있습니다. 돈은 반드시 정당한 방법으로 벌어야 한다는 점입니다.

또한, 유태인들은 돈의 가치에 대해서 현실적으로, 그리고 합리적으로 생각합니다. 그리고 돈의 사용 방법에 대해서도 신경을 많이 씁니다. 돈은 쓰는 사람의 인격과 사용 방법에 따라 가치가 달라진다고 믿기 때문입니다.

"엄마, 지난번에 정원 일 도와 드리고 받은 돈을 써도 괜찮아요?"
"어디에 쓸 건지 엄마가 알아도 될까?"
"저번에 친구가 아이스크림을 사줬잖아요? 그래서 이번에는 내가 친구에게 그림책을 사주려고요."
"그래? 친구한테 쓰는 돈이라면 엄마가 말릴 이유가 없겠구나. 하지만 다른 사람을 위해서 돈을 쓸 때는 항상 그 속에 네 마음도 담아야 한단다."
"네, 잘 알겠습니다!"

유태인들은 자녀에게 주는 용돈에 대해서조차 매우 엄격한 편입니다. 절대로 이유 없이 용돈을 주는 일은 없을 뿐더러 정원의 잔디 깎기는 5달러, 아침 우유 나르기 2달러, 신문 사오기 1달러 하는 식으로 일의 종류와 분량에 따라 자녀에게 주는 용돈의 액수를 정해놓고 있을 정도입니다.

그러나 형제 중에 어느 아이가 하든지 금액에 차이를 두는 일은 없습니다. 이는 사회에서 시행하고 있는 '동일 노동, 동일 임금'의 원칙을 자녀들이 어릴 때부터 철저히 가르치기 위해서입니다. 이처럼 유태인 부모가 자녀에게 주는 용돈은 월급도 주급도 아니며, 형제의 나이 차에 따라 다르게 정해져 있지도 않습니다.

유태인 노동자나 비즈니스맨들이 20세의 청년이건 40세의 장년이건 같은 일에 대해서 같은 임금을 받는 것을 당연시 여기는 것도, 어릴 때부터의 금전 교육과 노동 교육의 차이에서 생긴다고 할 수 있습니다.

유태인들은 이처럼 유태 상술의 기본이 되는 것들을 어린 시절부터 가르치고 있습니다.

| 실생활에 적용하는 경제 교육 |

어느 정도의 용돈이 적당한가?

우리나라에는 가까운 친척들이 아이에게 돈을 주거나, 아이가 받은 돈을 부모가 맡아 대신 관리해 주는 관습이 있습니다. 하지만 아이들은 돈의 교환 가치를 알게 되면서 점차 자신이 직접 돈을 쓰고 싶어 합니다. 바로 이때부터 올바른 경제 개념과 건전한 소비 습관을 가르쳐야 하는데, 그 교육에 가장 적합한 것이 용돈 지도라고 할 수 있습니다.

그런데 아이에게 너무 많은 용돈을 주면, 아이가 돈을 쉽게 얻을 수 있다고 생각해 돈의 가치를 제대로 평가하지 못한 채 낭비벽을 지니게 되기 쉽습니다. 반대로 너무 적은 용돈을 주면 아이가 자신감을 잃거나 부정적 시각을 가질 수 있으며, 비정상적인 방법으로 돈을 마련하려고 하는 버릇을 들일 수도 있습니다.

그렇다고 아이가 필요로 하는 만큼의 용돈만을 주다 보면, 아이가 용돈의 관리나 저축의 필요성을 전혀 느끼지 못하게 됩니다. 다시 말해서 용돈 관리의 경험을 쌓을 수가 없는 것입니다.

따라서 용돈은 아이가 필요로 하는 것보다 약간 더 주는 것이 자녀의 경제 교육을 위해서는 바람직합니다.

그리고 아이들은 어렸을 때 적은 돈을 관리하면서 실수를 해보는 것이 좋습니다. 적은 돈을 관리해 보며 작은 실수를 하는 것이 장차 큰 실수를 막아주는 경험이 되기 때문입니다.

또한, 용돈은 가계의 지출이므로, 용돈을 줄 수 있는 범위는 한 가정 전체 수입의 영향을 받는다는 사실을 아이에게 가르치는 것도 도움이 됩니다.

⋯ 숫자를 생활 속으로 끌어들여라

"아빠, 미술 도구 사게 돈 좀 주세요."
"그래? 어디 보자. 이거면 되겠니?"
"왜 이렇게 많이 주세요?"
"그걸로 필요한 거 사고 남는 돈은 너 먹고 싶은 거 있을 때 쓰렴."
"네, 고맙습니다."
"참! 그리고 여기 돈 더 줄 테니 오는 길에 가게에 들러서 담배 두서너 갑만 사오렴."
"네? 아빠, 두서너 갑이면 몇 갑이에요?"
"원 녀석도! 사내 녀석이 그렇게 융통성이 없어서 무엇에 쓰냐? 대강 돈에 맞춰서 사오면 될 거 아니냐?"

우리나라 사람들은 대체로 숫자에 대한 관념이 약한 편입니다. 아니 약하다기보다는 숫자에 대해서 너무 집착하는 것 자체를 좋지 않게 여기는 사회적 관습이 팽배합니다.

이러다 보니 정확한 숫자 관념을 요구하는 사람들이 오히려 돈만 밝히는 사람이라느니, 속이 좁다느니 등의 면박을 듣기 일쑤입니다.

따지고 보면 '코리안 타임'이라는 신조어가 생긴 것도 한국 사회에 만연한 희박한 숫자 관념과 무관하지 않습니다.

희박한 숫자 관념은 대개 무계획성으로 이어지기가 쉽고, 무계획성은 성공보다 실패로 우리의 삶을 이끌게 됩니다. 자녀에게 부와 성공을 가르치고 싶다면 당연히 명확한 숫자 관념을 가르쳐야 합니다.

그런 면에서 유태인의 숫자 관념은 유별나다고 할 수 있을 정도입니다. 유태인은 일상생활 속으로 숫자를 끌어들여 삶의 일부로 삼고 있다고 해도 과언이 아닙니다.

예를 들어 우리나라 사람들이 날씨에 대해서 '오늘 무척 더운 날씨네요.', '어느새 많이 추워진 것 같습니다.', '벌써 봄이 오려나 봅니다.' 하는 식으로 표현한다면, 유태인들은 더위나 추위도 분명한 숫자를 끌어들여 '오늘은 화씨 80도입니다.' 라는 식으로 표현합니다.

또한, 많은 유태인이 가방 안에 대수 계산용 자 대수 원리와 기계적 조작을 이용해 복잡한 계산을 간단히 할 수 있는 자 모양의 기구를 가지고 다닙니다. 그렇기 때문에 그들은 숫자에 있어서만큼은 절대적인 자신감을 나타냅니다.

흔히 "유태인들은 암산의 천재다."라고 말하는데, 이 역시 어려서부터 숫자를 삶의 일부로 받아들였기 때문입니다.

유태인 아이들은 어려서부터 금전 출납부를 기록하는 생활 속에서 자신이 한 달 동안 쓴 돈과 남은 돈을 맞추고, 다음 한 달의 씀씀이 규모를 계획합니다. 그리고 돈이 얼마나 계획성 있게 쓰였는지를 제법 치밀하게 반성하기도 합니다. 자신이 쓴 금전 출납부를 보면서 비교하는 것이지요.

그런가 하면 유태인들은 하루 24시간을 작게 나누어 최대한 활용하는 시간관념에도 익숙해져 있습니다. 인간이 100년을 산다고 해도 단번에 100년을 살 리가 없다는 것을 너무나 잘 알고 있기 때문입니다. 누구나 하루하루를, 한 시간 한 시간을, 일 분 일 분을 살고 있음을 유태인들은 잊는 법이 없습니다.

사실 사람들 가운데에는 100을 너무 열심히 바라는 나머지 1을 가볍게 여기다가 결국 아무것도 얻지 못하는 이들이 많습니다. 100을 가지고 싶으면 1부터 소중히 여겨야 한다는 진리를 무시하기 때문입니다.

1을 만드는 데만도 엄청난 노력과 인내가 필요합니다. 0으로부터 1을 만들어 가는 과정을 소중히 여긴다면 1000을 만드는 것은 의외로 쉬운 일입니다. 0에서 1을 만드는 일이, 1에서 1000을 만드는 것보다 어렵다는 것을 아는 사람만이 1000에서 1만, 10만, 100만을 만들 수 있습니다.

그렇기 때문에 유태인들은 오늘 하루가 자신에게 주어진 마지막 날이자 바로 자신이 태어난 날이라고 생각하며 살아갑니다. 그래서 하루를 더욱 충실하고 알차게, 그리고 힘차고 신선하게 보내려고 노력합니다.

비즈니스 관계로 유태인을 공장에 안내하다 보면 놀라운 경험을 하게 됩니다. 한동안 직공들의 작업 모습을 지켜보던 유태인은 이윽고 이렇게 물을 것입니다.

"이곳 직공들의 시간당 임금은 얼마입니까?"

평소 숫자 관념에 밝지 못한 우리나라 사람이라면 분명히 당황하여 눈만 껌벅이다가 뒤늦게 계산기를 두드리기 시작할 것입니다. 그러나 이미 유태인의 머릿속에는 시간당 임금이 정확하게 계산되어 나온 뒤입니다.

그리고 우리나라 사람이 계산기에 나온 숫자를 읽고 있을 때쯤이면, 유태인의 입에서는 이미 직공 수와 생산 능력, 원료비 등으로부터 산출된 제품 한 개당 이익금까지 흘러나오고 있을 것입니다.

유태인들은 숫자에 익숙해지고 철저해지는 것이야말로 상술의 기초이자 돈벌이의 기본이라 믿습니다. 장사할 때 숫자에 밝은 사람이라면, 그는 이미 돈을 버는 것과는 그만큼 멀어져 있는 것입니다.

따라서 돈을 벌고 싶은 사람이 있다면 먼저 생활 속으로 숫자를 끌어들여 친숙해지라고 충고합니다. "그런데 유태인 상술의 이 법칙은 틀린 부분이 없을까요?"라고 누군가 묻는다면, 유태인들은 가슴을 펴며 이렇게 말할 것입니다.

"걱정할 것 없습니다. 그 원칙이 틀리지 않았다는 것은 유태 5천 년의 역사가 이미 증명해 주고 있습니다."

| 실생활에 적용하는 경제 교육 |

일상생활 속의 숫자 교육

일상생활 속에서 자녀에게 숫자 개념을 가르치는 일은 그리 어렵지 않습니다. 늘 마주하는 상황과 사물 속에서 부모가 조금만 신경을 쓰면, 아이들은 숫자 교육을 놀이처럼 받아들입니다.

시계를 보면서

"10분 후에 먹자.", "5분 뒤에 나가자." 등과 같은 말에서 아이들은 시간 개념을 배웁니다. 또한, "1시간 후에 밥이 되도록 타이머를 맞췄거든, 1시간 후에 밥솥을 열어보면 밥이 되어 있을 거야." 등의 말로 일상생활의 동작에 걸리는 시간을 측정하다 보면, 저절로 시간 감각을 익히게 됩니다.

집안일을 함께하면서

자녀와 요리를 함께 만들면서 재료의 종류와 양, 요리 시간 등을 관찰하다 보면 측정과 시간 개념을 배울 수 있습니다. 또한, 상을 차릴 때 수저를 놓으며 일대일 대응을 가르치거나 국그릇과 밥그릇을 놓으면서 수를 가르칠 수 있습니다.

그리고 귤을 먹을 때 껍질 속에 몇 조각이 있나 세어 보게 한다거나 사과를 여러 가지 모양으로 잘라 보게 함으로써 수와 도형에 대해 가르칠 수 있습니다.

그런가 하면 조금 큰 아이들에게는 세탁기를 돌리게 하면서 세제와 물의 양을 조절하는 법을 가르칠 수 있습니다. 그뿐만이 아니라 세탁기의 버튼 작동법을 통해서 도구 조작에 대한 이해를 기를 수 있습니다.

장을 보면서

자녀와 함께 장을 볼 물건의 목록을 작성하고 전자계산기를 이용하여 예산을 뽑아 봅니다. 아이들은 전자계산기에 대해서 경이로움을 느끼며 좋아하는데, 사용법을 가르쳐주면 자녀의 수학적 능력을 키우는 데도 효과적입니다.

물건을 사면서 아이들이 직접 돈을 지급하고 거스름돈을 받게 해봅니다. 아이들은 대체로 액수가 적을수록 동전의 개수가 늘어나는 것을 이해하지 못하지만, 점차 동전의 색·크기·모양에 따라 구분하게 됩니다.

산책을 하면서

자녀에게 집 주소를 가르쳐준 다음에 동네의 건물들을 보면서 주소 개념을 하나씩 가르쳐 보기도 하고, 보폭을 측정한 다음에 어떤 장소까지 가는 데 몇 걸음이 필요한지 계산해 보게 합니다.

또한, 건물이나 주변의 사물을 보면서 수평, 수직, 사선, 곡선, 원, 평행선과 같은 말이나 사각형, 삼각형, 사다리꼴, 정육면체, 원통, 구와 같은 기하학적인 용어를 들려주면 아이들은 다양한 도형과 입체물의 개념을 이해하게 됩니다.

앨범과 전화기를 보면서

자녀에게 자신의 앨범이나 수첩에 성장 기록과 신상 기록을 적어보게 하면, 자연스럽게 수학 공부가 이루어집니다. 그리고 반드시 외워야 할 전화번호를 적게 함으로써 수의 개념을 가르칠 수 있습니다.

🏰 … 절약과 절제를 가르쳐라

 간혹 장난감 가게 앞을 지나다 보면 발을 동동 구르며 투정을 부리는 아이들이나, 아예 길바닥에서 뒹굴며 울음보를 터뜨리고 떼를 쓰는 아이들을 볼 수 있습니다.

"으앙, 나 디지몬 인형 사 달란 말이야!"
"아니 얘가 길에서 창피하게 이게 무슨 짓이니? 엊그제 엄마가 비슷한 인형 사줬잖아."
"그건 벌써 한참 전에 유행이 지난 거란 말이야! 다른 친구들은 다 저 인형을 갖고 논단 말이야!"
"너 이렇게 길바닥에 누워서 징징거리면 엄마 혼자 집에 가 버린다? 얼른 일어나지 못하겠니? 엄마가 지금은 돈이 부족하니까 나중에 꼭 사줄게, 알았지?"

"내가 또 속을 줄 알고? 전에도 그랬는데 안 사줬잖아! 지금 당장 사 달란 말이야!"

"아휴, 엄마가 너 때문에 창피해서 못 살겠다. 사줄 테니 얼른 일어나지 못해?"

"정말!"

아이들은 자라면서 점차 자기 물건에 대한 애착과 소유욕을 강하게 나타냅니다. 더구나 이 시기의 아이들은 금세 자기 물건에 싫증낼 뿐더러 여간해서는 만족을 모릅니다. 그러다 보니 자녀를 데리고 쇼핑이라도 가게 되면 아이들은 눈에 띄는 신기한 것들을 사 달라고 조르게 마련입니다. 그럴 때 부모들은 사주자니 버릇없게 키우는 거 같고, 매몰차게 돌아서자니 마음이 편치 않습니다.

그런데 요즘은 한두 명의 자녀만을 두고 있는 가정이 많다 보니, 그러한 부모들 가운데에 자녀가 원하는 것은 뭐든 들어주고 보자는 분들이 적지 않은 게 사실입니다. 어떤 수를 쓰더라도 다 사주려고 합니다.

때로는 자녀들의 고집을 꺾는 것이 귀찮거나 아예 자녀의 버릇을 고치기가 귀찮아서 너무 쉽게 아이에게 두 손을 들고 마는 경우도 있습니다. 그렇다고 자녀들이 그런 부모에게 마냥 고마운 마음만 갖는 것은 절대로 아닙니다.

아이의 요구를 열 번 들어 주다가도 간혹 한 번만 들어주지 않으면,

열 번의 기억보다는 그 단 한 번의 기억을 서운해하고 가슴에 쌓아두는 것이 이 시기 아이들의 특징 중 하나이기 때문입니다.

그렇더라도 아이들이 아무 물건이나 사 달라고 떼쓸 때마다 부모가 거기에 자꾸 끌려 다녀서는 안 됩니다. 당장 귀찮다고 해서, 혹은 아이가 가엾다고 해서 한 번, 두 번 자녀에게 끌려 다니다 보면 나중에 아이가 더 자란 다음에는 아예 통제가 불가능해집니다.

일단 부모가 된 입장에서 한번 안 된다고 말했을 때는 아무리 아이가 떼를 쓰더라도 끝까지 그 의지를 잃지 말아야 합니다. 부모가 자신의 의지를 지키지 못하고 중간에 고집을 꺾다 보면 자녀의 순종은 바랄 수 없습니다.

그리고 여건이 된다고 해서 아이가 원하는 것은 무엇이나 사주다 보면, 돈이란 것이 쉽게 벌고 쉽게 써도 괜찮은 것이라는 생각을 아이들이 갖게 됩니다. 그럴 경우에 아이들의 경제관념은 흐려질 수밖에 없습니다.

돈이라고 하는 것은 이처럼 사람에게 행복을 주는 선이 될 수도 있는 동시에 사람들이 당연히 기울여야 할 노력을 앗아 가는 악의 면모를 가지고 있기도 합니다.

그러므로 이 시기의 자녀에게 있어서 가장 시급한 교육 가운데 하나가, 꼭 필요할 때 돈을 쓰는 요령과 갖고 싶은 물건 중에 꼭 필요한 것이 무엇인지를 구분할 줄 아는 요령입니다.

유태인들은 경제관념이나 절약과 절제에 대한 교육에 있어서만큼은 자녀들이 아주 어릴 때부터 철저하게 가르칩니다. 그들의 가치관이 돈을 중시하는 것이기는 해도, 자녀를 어려서부터 돈으로 키우다 보면 비정한 인간으로 성장하기 쉽다는 것을 잘 알고 있습니다.

"부자에게는 자녀가 없고, 오직 상속자가 있을 뿐이다."

유태의 이 격언은 자녀 교육에 있어서 유태인들이 돈에 대해 가지고 있는 경계심과 조심성을 잘 보여주고 있습니다.

간혹 유태인 부모들도 자녀에게 용돈을 줄 때가 있습니다. 그러나 대부분은 자녀에게 절약과 저축의 습관을 길러주기 위한 교육 방법의 하나로써 그렇게 하는 경우가 많습니다.

이는 유태인 아이들이 부모가 준 용돈을 가지고 제일 먼저 달려가는 곳이 은행이라는 사실을 통해서도 잘 알 수 있습니다. 유태인 아이들은 이처럼 돈이 생기면 우선 저금을 한 다음, 돈이 필요할 때마다 부모의 허락을 받아 저금해 둔 돈을 찾아서 씁니다.

유태인들은 자녀에게 용돈을 주기 전에 반드시 그 사용처를 묻습니다. 그리고 용돈을 어디에 어떻게 쓰느냐에 따라 전혀 다르게 만들어지는 가치에 대해 확실하게 가르칩니다.

뿐만 아니라 유태인 부모들은 자녀에게 용돈의 지출 계획서를 받습니다. 그리고는 아이의 용돈 지출이 계획서에 따라서 이루어지는지를 수시로 점검하면서 문제가 있을 경우에 이를 함께 의논해 나갑니다.

그러므로 유태인 아이들은 돈이 있다고 해서 당장 필요하지도 않은 물건을 사는 일이 없습니다. 유태인 아이들이 돈을 쓰는 데는 대부분 친구와 먹을 것을 사 먹을 때나 가족과 친지에게 선물을 할 때 정도입니다.

그런데 유태인들의 이러한 교육은 상당한 부수 효과를 나타냅니다. 자주 용돈의 지출에 대한 의논과 점검을 함께해 나가면서 자녀의 생활과 관심 사항을 파악할 수 있기 때문입니다.

| 실생활에 적용하는 경제 교육 |

떼쓰는 아이에게
경제관념을 심어주는 교육

경제관념과 올바른 소비 생활은 자녀가 어릴 때부터 부모가 형성시켜 주어야 합니다. 아이의 경제 의식은 주로 부모의 영향을 많이 받기 때문입니다.

아이들은 대체로 물건이 필요해서가 아니라 단순히 눈에 보이는 신기한 것을 맹목적으로 가지고 싶어 합니다. 이는 '욕구'와 '필요'를 분명하게 구별해 내지 못하는 유아기의 특징 때문입니다. 그렇기 때문에 아이들은 눈에 보이는 무엇인가가 갖고 싶으면 이를 절제하지 못합니다.

물건에 대한 욕심이 많은 아이의 경우에는 가끔씩 자신이 무엇을 원하는지 말해 보게 하면 금세 효과를 거둘 수 있습니다. 아울러 아이가 갖기를 원하는 물건들의 우선순위를 스스로 정해 보게끔 하는 것도 좋은 교육 방법입니다. 아이가 스스로 정한 우선순위에 따라 물건을 하나씩 사다 주면 아이의 불만은 현저히 줄어들게 됩니다.

그리고 아이와 함께 물건을 사러 갈 때는 집을 나서기 전에 다음과 같은 다짐을 미리 받아 두는 것도 좋은 교육 방법입니다.

"집에 꼭 필요한 것들을 사러 가는 거란다. 그러니 이것저것 사 달라고 해선 안 돼!"

만일, 아이가 물건을 사 달라고 조르면 약속을 상기시키고, 그래도 막무가내로 떼쓰면 무시하는 게 최선의 방법입니다.

여기에는 부모의 의지와 인내가 따라야 합니다. 어떤 부모라도 계속해서 떼쓰며 우는 아이를 모른 체한다는 것이 쉽지 않기 때문입니다. 하지만 부모가 한번 인내심을 잃기 시작하면, 아이는 갖고 싶은 물건이 있을 때마다 울기만 하면 된다는 생각을 갖게 됩니다.

아이의 짜증과 투정이 심해질수록 무시해야 합니다. 짜증과 투정은 나중에 부모가 껴안아 준다든가 하여 달래 주면 금세 풀어질 수 있는 성질의 것입니다.

평소 장을 보러갈 때 가끔씩 아이를 데려가서 반드시 사야 할 것 외에는 충동구매를 자제하는 모습을 부모가 보여주어야 합니다. 또한, 가족 모두에게 필요한 것과 각자에게 따로 필요한 것을 각각 메모해서 아이에게 직접 이를 구분해서 구입하는 법을 가르치는 것도 건전한 소비 습관을 길러주는 방법이 됩니다.

그리고 부모 역시 사고 싶은 것이 있어도 다 살 수는 없기에 이를 절제하기 위해서 애쓰고 있다는 사실을 아이가 느끼도록 해주는 것도 중요합니다. 그러기 위해서는 필요하지도 않은 물건을 구입함으로써 나중에 낭패를 본 경험담을 아이에게 들려주는 것도 좋은 방법입니다.

이렇게 대화를 통해서 아이와 공감대를 만들어 나가는 것은, 아이의 올바른 소비 의식을 키울 뿐만 아니라 아무 물건이나 사 달라고 떼쓰는 아이의 버릇을 고치는 데도 효과를 나타냅니다.

이러한 교육을 통해서 가족 모두가 생활 규모에 맞는 소비 생활을 체득할 수 있고, 아이는 부모의 경제관념과 건전한 소비 생활을 따라하게 됩니다.

두 개의 저금통을 선물하라

우리 민족은 예부터 이웃을 가까운 친척처럼 생각했습니다. 그랬기에 언제나 기쁨과 슬픔을 함께 나눌 줄 아는 미풍양속을 지니고 있습니다. 특히, 자신보다 어려운 사정에 놓인 이웃들을 절대로 그냥 보아 넘기지 못했던 심성 고운 민족이었습니다.

하지만 산업화와 더불어 우리들은 서로가 서로를 경쟁의 상대로만 여기게 되었습니다. 그리고 조금이라도 남보다 앞서야 잘 사는 것이라는 가치관이 팽배해졌습니다.

아마도 산업화와 근대화의 급속한 진행 과정에서 그러한 아름다운 마음씨를 뒷받침했던 철학과 윤리가 사라진 반면, 이를 대체할 수 있는 새로운 가치관의 범주가 마련되지 못한 데 이유가 있는 것 같습니다.

"선생님 어째서 우리 반 아이들은 다른 반 아이들이 다 들어가고 난 다음에야 들어가는 거죠? 아무래도 제 생각에는 선생님이 잘못하고 계신 것 같군요."

"어머니, 다른 반의 아이들이나 우리 반의 아이들이나 영화관 안에 먼저 들어가서 좋은 자리에 앉고 싶은 마음은 똑같지 않겠어요?"

"그러니 다른 반 선생님들처럼 자기 반 아이들을 먼저 들어가게 해야죠?"

"어머니, 그래도 우리 반 아이들은 다른 반 아이들보다 한두 살이 많아요. 늦게 들어가서 조금 뒷자리에 앉는다고 해도 영화를 보는 데는 큰 지장이 없답니다. 그리고 지금의 아이들에게는 남보다 앞서려는 마음보다도 다른 사람을 위해서 선행을 베풀 수 있는 마음을 가르치는 게 중요하답니다."

"전 아무리 생각해도 선생님의 교육 방침이 잘못되어 있는 것 같군요. 아까도 영화관 밖에서 다른 반 아이들이 버린 휴지까지 우리 반 아이들에게 줍게 하더군요? 그렇게 선행만 가르치시면 아이들이 이 다음에 커서 어떻게 험한 세상을 헤쳐 나가냐고요!"

어느 유치원에서 원생들과 학부모들이 함께 영화관을 방문했을 때의 일입니다. 계속 항의하던 학부모는 결국 그 유치원의 원장에게까지 가서 항의를 했다고 합니다.

선행에 대한 가치관은 자녀들이 어릴 때부터 길러줘야 합니다. 선행이란 궁극적으로 보다 나은 사회를 위해 다른 사람들과 원만하게 공동체 생활을 영위해 나갈 수 있는 지혜이기 때문입니다. 이 시기에 이러한 지혜를 제대로 교육시키지 못한다면 그 아이는 평생 다른 사람을 위하는 마음을 모르고 살아갈 것입니다.

자녀가 최고의 교육과 최고의 대학을 통해서 최고의 직장에 입사하게 하는 것만이 부모의 역할을 다하는 것은 아닙니다. 물질적 풍요만이 행복의 보증 수표가 아니듯이 말입니다.

자녀의 행복한 미래를 진정으로 원한다면, 자녀가 어릴 때부터 개인과 사회의 올바른 관계를 가르쳐야 합니다. 그리고 무엇보다 사회의 그늘진 곳에 소외된 채 도움을 구하고 있는 이웃들을 돌아보고, 그들에게 손을 내밀 수 있는 가치관을 심어줘야 합니다.

유태인들은 웬만한 선행이나 자선에 대해서 뽐내거나 칭찬하는 법이 없습니다. 작은 선행이나 자선은 인간의 당연한 행동이며 의무라고 생각하기 때문입니다. 그리고 인간이 공부를 하는 것은 자선을 하기 위한 것으로 아무리 똑똑하고 유능하다고 해도 선행을 할 줄 모른다면 세상을 잘못 살고 있다고 유태인들은 생각합니다.

그런 유태인 부모들이기에 그들은 어린 자녀에게 조그만 저금통 두 개를 선물하는 전통을 가지고 있습니다.

"엄마, 웬 저금통을 한꺼번에 두 개나 주세요?"

"이건 우리 유태 민족의 전통이란다. 지금 엄마가 너에게 주는 두 개의 저금통은 전혀 다른 용도로 쓰여야 한단다."

"그게 무슨 말씀이세요?"

"하나의 저금통은 너 자신을 위해서 돈을 모으는 것이란다. 그리고 다른 또 하나의 저금통은 너 아닌 다른 사람, 즉 불쌍한 이웃들을 위해서 저축하는 것이어야 한다."

이런 교육의 효과는 금세 나타납니다. 유태인 아이들은 이웃을 위해 돈을 모으는 저금통을 자기 자신을 위해 깨는 일이 없습니다. 부모의 가르침을 좇아 저금통에 모은 돈을 교회의 주일 예배 자선함에 넣습니다.

이러한 교육적 경험을 통해서 유태인 아이들은 자선을 배우게 되고, 아울러 개인과 사회가 불가분의 관계에 있음도 분명하게 깨달을 수 있습니다. 이는 또한 '세상은 교육과 노동, 그리고 자선이라는 세 가지에 의해서 유지된다.'는 유태의 속담을 어릴 때부터 실천할 수 있는 기회를 주는 것이기도 합니다.

그리고 무엇보다 중요한 점은, 선행에 대한 유태인들의 가치관과 그 실천이 어린 시절의 기억으로 끝나는 일이 없다는 사실입니다. 유태인들에게 있어서 선행과 자선은 일시적으로 끝나는 게 아니라, 인간으로 세상을 살아가는 동안에는 중단되지 않는 것입니다.

〈탈무드〉에는 다음과 같은 격언이 전해집니다.

아무리 부자라 할지라도 자선을 행할 줄 모르는 사람은, 맛있는 요리가 소금도 없이 식탁에 가득한 것과 같다.

촛불은 다른 많은 초에 불을 나누어 붙여도 처음의 빛이 약해지지 않는다.

지금도 세계 도처에서 비즈니스와 장사로 부와 성공을 거둔 유태인들은, 이웃들을 위해 자기 수입의 일정 부분을 자선기금으로 기부하고 있습니다. 뿐만 아니라 지구상의 모든 유태인과 조국 이스라엘의 부흥을 위해서도 성공한 유태인들끼리 돈을 모아 이스라엘로 보내고 있습니다.

| 실생활에 적용하는 경제 교육 |

선행의 가치 가르치기

유태인들에게 '자선'을 의미하는 히브리 어 '체다카(Tze-dakah)'는 '정의'와 동의어로 쓰입니다.

그들은 1년에 한 번 선행을 베푸는 것이 아니라 매일, 그리고 온종일 선행을 베풉니다.

그들에게는 '선행'을 의미하는 체다카통이 있습니다. 그 통에 아침, 저녁, 식사 전, 안식일 등을 구분하지 않고 돈을 넣습니다.

아주 어린 아이도 예외가 될 수는 없습니다. 유태인 부모들은 이제 막 아장아장 걸음마를 시작한 아기에게도 직접 체다카통에 동전을 넣을 수 있도록 걸음을 도와주고, 동전 넣는 것을 도와줍니다. 어렸을 때부터 이런 기회를 자주 제공해 줌으로써 기부라는 행위가 자연스레 아이의 몸에 익도록 습관화시켜 주는 것입니다.

유태인들은 말합니다. 이렇게 어렸을 때부터 체다카통에 동전을 넣는 습관을 키우다보면 동전이 입에 들어가는 것이 아니라 성금함에 들어가야 한다는 것을 알게 된다고 말입니다.

부모라면 누구나 우리 아이가 자기만 아는 이기적인 사람으로 자라기보다 다른 사람과 더불어 살 줄 아는 넉넉한 마음을 가진 큰 사람으로 성장하길 바랍니다. 사회의 그늘진 곳에서 살아가고 있는 소외된 이웃에게 눈을 돌리고 손을 내밀 줄 아는 착한 마음에 대해 가르치다 보면, 사회를 이해하는 넓은 시선은 물론이고 선행을 하면서 느끼게 되는 보람과 뿌듯함은 우리 아이의 인격을 성장시켜주는 좋은 밑거름이 됩니다.

유태인들 사이에서 전해져 내려오는 다음의 이야기는 자녀에게 선행의 가치를 일깨워줄 수 있는 좋은 예가 될 것입니다.

한 젊은이에게 세 명의 친구가 있었다.

그는 언제나 세 명의 친구 중에서도 첫 번째 친구를 진정한 친구라고 믿었다. 그리고 두 번째 친구는 친하기는 했지만 진정한 친구라고 생각하지는 않았고, 세 번째 친구는 큰 관심조차 두지 않았다.

그러던 어느 날, 그 나라의 왕이 젊은이에게 전령을 보내왔다. 즉시, 왕궁으로 들어오라는 명이었다. 젊은이는 자신이 저질렀을지도 모르는 어떤 죄 때문에 왕이 벌을 내리려 한다고 생각해 지레 겁을 먹었다.

젊은이는 세 명의 친구들을 찾아다니며 함께 왕궁으로 들어가자고 부탁했다. 그러나 가장 소중하게 생각했던 친구는 아무 이유조차 설명하지 않고 젊은이의 부탁을 거절했다. 두 번째로 소중하게 생각했던 친구는, 궁전 앞까지는 함께 가겠지만 그 이상은 갈 수 없다고 했다.

그런데 뜻밖에도 마지막 세 번째 친구만이 "그럼, 당연히 내가 함께 가야지! 자네가 아무 나쁜 짓도 하지 않았다는 것을 나는 조금도 의심치 않네! 그러니 두려워할 것이 뭐가 있겠나. 내가 함께 가서 자네가 좋은 사람이라는 사실을 임금님께 잘 설명하겠네." 하며 조금의 망설임도 없이 응해 주는 게 아닌가.

이 이야기에 나오는 세 명의 친구들은 각기 다른 의미를 상징하고 있습니다.

첫 번째 친구는 '재산'을 의미합니다. 아무리 살아생전에 돈을 소중히 여기던 사람일지라도 죽을 때는 그대로 남겨 두고 떠나야 한다는 의미를 담고 있는 것입니다.

두 번째 친구는 '친척'을 의미합니다. 무덤까지 따라와 주지만 결국은 죽은 자를 혼자 남겨 두고 떠난다는 것입니다.

마지막 세 번째 친구는 '선행'을 의미합니다. 선행은 평소에 별로 눈에 띄지 않아 소중함을 느끼지 못하지만, 죽은 뒤에는 영원히 그 사람과 함께 남아 있기 때문입니다.

'우리'라는 공공의 개념을 심어주어라

다른 사람들과의 관계를 맺고 살아야 하는 사회에서는 법이나 규칙 외에도 반드시 지켜야 하는 것이 있습니다. 우리는 이를 흔히 공중도덕이라고 부릅니다.

그런데 어린 자녀들에게 공중도덕을 가르치려면, 아이들이 말을 배우기 시작할 무렵부터 '나'와 '너'라는 개념 외에 '우리'라는 공공의 개념을 가르쳐야 합니다.

"엄마, 나 좀 보세요! 이렇게 양손으로 손잡이를 잡고 흔들면 그네 타는 것 같아요!"

"얼른 손잡이 놓고 자리에 와서 앉지 못하겠니?"

"이게 엄마 거예요, 뭐? 엄마는 괜히 그래."

"그건 엄마 것도 네 것도 아니란다. 사람들 모두의 거야. 그리고 사람들이 많이 모여 있는 지하철에선 다른 사람들한테 피해가 가지 않게 얌전히 있어야지."

"치, 재미있기만 한데 왜 자꾸 그래요?"

"너 그렇게 공중도덕 안 지키면 경찰 아저씨가 '이놈!' 하고 잡아간다?"

위의 대화에서 알 수 있는 것처럼 대개 아이들은 공중도덕의 개념이 부족합니다. 평소 가정에서 공중 예절의 바탕이 되는 생활 예절을 예전만큼 가르치지 않았기 때문입니다.

그런데도 사람들이 많은 곳에서 공중도덕이 없다며 아이를 나무라는 것은 순서가 맞지 않다고 하겠습니다. 결과적으로 모든 책임은 가정에서 가르치지 못한 부모에게 있습니다.

유태인들은 공동생활에 필요한 공중도덕과 에티켓의 바탕이 되는 기본 생활 예절을 자녀가 말을 배우기 시작할 무렵부터 철저하게 가르칩니다. 그런데 유태인들은 이를 위해서 가장 먼저 사물의 소유권 개념을 자녀에게 가르칩니다. 그리고 이러한 교육은 한 가족의 실생활 안에서 가장 먼저 이루어집니다.

"엄마 방에 있는 화장품이나 물건들은 엄마가 쓰는 것이란다. 그리고 서재에 있는 물건들은 대부분 아빠 것이란다. 네 것이 아닌 다른 사람의 물건은 함부로 만지거나 사용해서는 안 된단다. 마찬가지로 형과 누나의 물건 역시 네가 쓰고 싶을 때는 반드시 먼저 형이나 누나에게 허락을 받아야 한다."

유태인들은 특히 소유권 가운데에서도 '우리'에게 해당되는 소유권에 대해서 가장 엄격한 교육을 합니다.

"부엌에 있는 모든 식기들은 네 물건도 엄마의 물건도 아니란다. 우리 가족 모두의 물건이기 때문이다. 그런데도 네가 부엌에서 함부로 놀다가 그릇들을 깼다는 것은 우리 가족 모두에게 피해를 준 것이란다. 다음에 또 이런 일이 생긴다면 더 엄한 벌을 받을 테니 명심하렴."

사물의 소유권 개념, 특히 가족 전체의 물건이라는 공동 소유 개념은 아이들이 자라면서 사회 전체의 공동체 개념으로 확장되게 마련입니다. 어릴 때부터 부모가 '우리 것'에 대한 개념과 그 소중함을 가르친 아이들은, 공공장소와 공동 사물을 소중히 다루는 습관을 자연적으로 체득하게 됩니다.

결국 유태인들의 이 교육은 자녀들에게 공중도덕과 예절, 인격을 가르치는 첫걸음인 것입니다. 만일 '아직 어린애한테 어떻게 그런 걸?' 하고 생각하는 부모가 있다면, 이는 오히려 아이의 인격을 무시하는 생각일 뿐입니다.

유태인들이 자녀에게 공동체 생활에 필요한 공중도덕을 가르치기 위해서 가장 먼저 교육하는 것은 역시 〈탈무드〉입니다. 〈탈무드〉에는 다음과 같은 기록이 전해집니다.

1) 위층에 이웃의 창고가 있다면 아래층에 사는 사람들이 염색집이나 빵집, 혹은 외양간을 두어서는 안 된다.
2) 그러나 위층의 창고에 와인이 저장되어 있는 경우에 한해서 아래층 사람들은 염색집이나 빵집을 차려도 된다. 다만 외양간만은 이 경우에도 용납되지 않는다.
3) 세입자 가운데 어떤 이가 안뜰에 가게를 차릴 경우, 안뜰을 공유하고 있는 집주인은 '시끄러워서 잠을 이룰 수가 없다.'고 항의할 수 있다. 이럴 때 안뜰의 가게에서 물건을 만드는 자가 이를 팔기 위해서는 반드시 시장에 나가야 한다.
4) 하지만 어떤 경우에도 '망치 소리 때문에 잠을 잘 수가 없다.'거나, '갓난아이의 울음 소리 때문에 잠을 이룰 수 없다.'고 항의하는 것은 있을 수 없다.

1)의 경우와 같은 금지 규정이 생긴 이유는 염색집과 빵집이 공통적으로 불을 사용하는 장사이기 때문입니다. 염색을 하거나 빵을 굽다 보면 어쩔 수 없이 열이 새 나올 수밖에 없는데, 이 열로 인해서 위층 창고에 보관하고 있는 상품이 변질될 우려가 있는 것입니다.

이는 외양간의 경우도 마찬가지입니다. 가축의 오물 냄새가 상품에 스며들면 상품의 가치가 떨어질 수밖에 없습니다.

그런데 2)의 경우에는 사정이 약간 달라집니다.

와인은 원래 신맛이 강해서 순한 맛을 내기가 여간 쉽지 않습니다. 그런데 창고 아래층의 염색집이나 빵집에서 발생하는 열은 와인의 숙성을 촉진하는 효과를 가지고 있어서 그 품질을 개선시켜 줍니다. 그러나 이 경우에도 외양간의 오물 냄새는 와인의 질을 떨어뜨릴 뿐입니다.

창고에 보관하는 상품이 무엇인가에 따라서 나중에 발생할 수 있는 문제를 미리 생각해 두는 것이 함께 살아가기 위한 최소한의 에티켓인 것입니다. 따라서 처음부터 창고 아래층에 들어올 사람들은 위층 창고에 있는 상품과 자신의 업종의 상관관계를 고려해야 합니다.

공공의 이익을 최우선으로 생각하는 사상이야말로 함께 살아가는 사회에서 반드시 필요한 것입니다. 항상 공공의 이익을 우선적으로 배려하다 보면, 어떤 일이든 이익이 되는 측면과 손해가 되는 측면을 예측할 수 있습니다.

이 예측 안에서 사람들은 모두를 위한 여러 가지 규제와 활용 방법을 미리미리 고안하게 됩니다. 그래야만 사람들은 생활의 안정감을 가지고 공동체 생활에 임할 수 있습니다.

그런가 하면 유태인들은 개인의 권리가 공공의 이익에 우선할 수 없다는 3)의 원칙과 달리, 개인에게는 평온한 삶을 영위할 권리가 있다는 4)의 원칙도 매우 중시했습니다.

좁은 안뜰에서 장사를 하다 보면 불특정 다수의 사람들이 출입하게 되고, 이로 인해 안뜰을 공유하는 주민들은 소음과 불안한 치안에 시달리게 됩니다. 이것이 시장에 나가 장사를 해야 하는 이유인 것입니다.

그러나 공동 주택은 공유하는 주민 모두에게 있어서 생존과 확대 재생산을 위한 곳입니다. 그렇기 때문에 아무리 집주인이라도 4)의 경우처럼 항의할 수 없는 것입니다.

이처럼 〈탈무드〉는 공공의 개념조차도 장사와 소유라는 비즈니스 개념에 적용해서 가르치고 있습니다. 그렇기 때문에 유태인들이 '나'와 '너' 이외에 '우리'라는 공동체의 개념을 가르치는 데도 치밀할 수밖에 없는 것입니다.

유태인들은 '우리'라는 공공의 개념을 가르치는 데 있어서도 공중도덕 및 경제의 소유 개념과 연결시켜 교육합니다. 그럼으로써 사회생활에 필요한 기초적 경제관념을 자연스럽게 교육하고 있는 것입니다.

| 실생활에 적용하는 경제 교육 |

아이의 훔치는 버릇 고치기

어릴 때는 훔친다는 개념이 미처 형성되지 않은 시기입니다. 따라서 이 시기의 아이들은 그저 갖고 싶다는 단순한 욕망 때문에 별 생각 없이 물건을 들고 오는 경우가 많습니다. 이는 아직 남의 것과 내 것의 경계가 분명하게 설정되어 있지 않기 때문이며, 그런 만큼 이 시기의 아이들은 죄책감도 적은 편입니다.

물론 이 시기에는 훔치는 물건이라는 것이 대부분 과자나 껌, 사탕처럼 적은 액수일 것입니다. 따라서 가게 물건을 그냥 가지고 나오는 아이의 행동에 대해서는 먼저 나이를 고려해서 그 아이의 심리 상태를 헤아려 봐야 합니다.

하지만 아이가 3~4세만 되어도 자신에게 불리한 상황에 대해서 나름대로 거짓말을 할 줄 압니다. 또한, 설명하지는 못하더라도 자신의 행동이 잘한 일인지 잘못한 일인지, 어른들의 기준에 적합한지 아닌지 구별할 수가 있습니다.

따라서 이 시기의 아이에게는 부모가 행동을 통해서 모범을 보여주고, 반복해서 자세히 설명해 주어야 합니다. 특히, 다시 잘못을 저지르지 않도록 하려면 아이가 죄책감을 느끼지 않도록 해야 하며, 거짓말을 할 필요가 없도록 세심한 주의를 기울여야 합니다.

만일 아이의 잘못된 행동을 알았을 때는 부모가 함께 가서 사과해야 합니다. 물건 값 치르는 것을 귀찮아해서는 안 됩니다. 그리고 아이에게 다음과 같이 말해 주는 것이 좋습니다.

"남의 물건을 함부로 집어오는 것은 옳은 행동이 아니란다."
"왜요?"
"다른 사람에게 피해를 주기 때문이지. 그리고 너 자신에게도 피해를 준단다."
"어째서요?"
"네가 물건을 그냥 집어왔으니 가게 주인아저씨는 다음부터 다른 사람들을 의심하게 될 게다. 그럼 그 주인아저씨는 그런 일이 없게 하려고 많은 돈을 들일 수도 있단다. 그렇게 되면 그 비용이 너처럼 물건을 사는 사람들한테 청구된단다. 그건 괴로운 일이란다. 그리고 네가 다음에 그 가게에 가면 주인아저씨가 너에게 물건을 선뜻 팔겠니?"

"아니오."

"그럼 네가 아이스크림을 사먹고 싶을 때 어디로 갈래? 그 가게보다 한참 멀리 떨어져 있는 가게를 찾아 가겠니?"

"……"

"그리고 네가 하는 나쁜 행동은 너 자신뿐만 아니라, 우리 가족 모두를 나쁜 사람으로 만든단다. 엄마 아빠는 물론이고, 지금까지 나쁜 짓 한 번 한 적 없는 네 착한 동생까지 말이다."

"엄마, 잘못했어요. 다음부터는 절대 그런 짓 안 할게요."

이런 과정을 통해서, 아이는 물건을 가지기 위해서는 그에 상당하는 값을 치러야 하고, 그래야 그 물건이 완전한 자신의 것이 될 수 있다는 경제적 관념을 이해하게 됩니다. 그러나 너무 심하게 야단치거나 벌주는 것은 피해야 합니다.

🏰 … 푼돈의 가치를 가르쳐라

우리는 주변에서 '내 돈 내가 쓰는데' 라는 말을 자유주의 시장 경제 사회에서의 합리적인 용어처럼 사용하는 사람들을 자주 보게 됩니다. 하지만 우리들 한 사람 한 사람의 경제생활이 세상 모든 사람들의 경제생활과 복잡하게 얽혀 있다는 사실을 알고 있다면 그런 주장을 함부로 할 수 없을 것입니다.

일례로 한 사람의 작은 도움이 여러 어려운 사람의 딱한 생활에 도움을 주었다고 했을 때, 도움을 받은 이들의 큰 기쁨에 비하면 도움을 준 이의 손에서 사라진 물질은 결코 큰 것이 아닙니다.

이처럼 개개인이 전체 사회의 일원으로서 서로 도움을 주고받으며 살아가는 경제 사회에서는 작은 것도 큰 가치와 의미를 가질 수 있는 것입니다. 그렇기 때문에 어린 자녀들에게 이러한 원리와 교훈을 가르치는 데 게을리 해서는 안 되는 것입니다.

대부분의 아이들은 아무 때나, 아무 곳에서나 보이는 대로 사 달라고 조르는 경우가 많습니다. 그렇다고 해서 이를 잘 타이르거나 바로잡아 주지 못하고, 아이가 안쓰럽다거나 혹은 귀찮다는 이유로 다 들어주는 우리나라의 부모들은 이러한 경제 사회의 원리를 다시 한번 새겨야 합니다.

그런 면에서 유태인 부모들은 자녀들에게 많고 적음을 떠나서 돈을 아끼고 소중하게 다루는 것을 가르치기 위해서 많은 노력을 기울입니다.

유태인들이 자녀들에게 행하는 경제 교육이란 대단하고 어려운 내용이 아닙니다. 그들 경제 교육의 첫걸음은 바로 '푼돈의 가치'를 가르치는 것이라고 할 수 있습니다.

유태인들은 이렇게 말합니다.

푼돈의 가치를 모르는 사람이 큰돈의 가치를 알 리가 없다. 또한, 그런 사람일수록 큰돈을 갖기 위해서는 비합리적이거나 불법적인 수단까지도 마다하지 않는다.

푼돈의 가치를 알지 못하고, 푼돈을 어떻게 관리하는지 알지 못하면서 큰돈 버는 것만 생각하는 것은 일확천금의 환상을 갖게 할 뿐이다. 따라서 큰돈만을 바라는 사람은 진정한 경제 사회의 일원이 될 수 없을 뿐만 아니라 다른 사람들에게 피해를 입히기가 쉽다.

유태인들은 아이들의 충동구매로 인한 낭비를 막기 위해서는 가정과 학교에서 체계적인 소비자 교육이 이루어져야 한다고 믿습니다. 건전하고 올바른 소비는 돈을 버는 것 이상으로 커다란 이익을 가져온다고 생각하기 때문입니다.

돈은 생활의 도구이자 교환의 도구로 받아들여져야 한다는 것이 유태인들의 생각입니다. 유태인 아이들이 어려서부터 푼돈을 아끼고 정성껏 모으는 모습을 쉽게 찾아볼 수 있습니다.

예를 들어, 유태인 부모는 부모 대신에 동생을 돌본다거나 정원을 손질했을 때, 설거지를 했을 때, 울타리에 페인트칠을 했을 때 자녀에게 약간의 용돈을 줍니다. 이는 사회에서의 경제생활이 노동에 대한 대가를 지급하는 것과 같은 이치입니다.

그런데 유태인 아이들은 이렇게 받은 돈을 얼마 안 되는 돈이라고 해서 함부로 쓰는 법이 없습니다. 반드시 먼저 은행에 가거나 부모님이 마련해 준 저금통에다 저금을 합니다. 그리고 만일 그 돈을 썼을 경우에는 반드시 금전 출납부에다 빠뜨리지 않고 기록합니다. 그럼으로써 아무리 적은 돈이라도 소중하게 아껴 쓰는 버릇을 기르게 되며, 아울러 어려서부터 지출과 수입을 정리하면서 돈을 관리하는 요령을 자연스럽게 배워 나가게 됩니다.

그런가 하면 유태인들은 공동의 목적을 위해서 각자 부담해야 할 몫을 나누는 데 있어서도 합리적인 편입니다.

가령 형제끼리 돈을 모아 부모의 생일 선물을 살 때나, 부모와 아이가 돈을 모아서 책상 같은 것을 사려고 할 때도 아이가 얼마만큼의 자기 몫을 부담해야 하는지는 간단한 문제가 아닙니다.

이럴 때 유태인 부모들은 아무리 아이의 힘이 미미하다고 하더라도 아이가 함께했을 때와 그렇지 않았을 때, 아이의 자신감과 물건에 대한 소중함에서 큰 차이가 있다는 것을 잘 알고 있습니다.

그렇기 때문에 유태인 부모들은 이런 일에 있어서 반드시 아이가 어떤 형태로든 참여하도록 기회를 줍니다. 아이가 부담할 수 있는 금액이 극히 적다고 해도 말입니다. 이 또한 유태인 부모들이 자녀들에게 작은 돈의 소중함을 가르치기 위한 교육입니다.

이런 과정을 통해서 유태인 아이들은 자기가 돈을 포기함으로써 얻은 물건이나 기회에 대해서 소중한 마음을 갖게 되고, 올바른 소비에서 비롯되는 기쁨이 어떤 것인가를 배웁니다.

어려서부터 푼돈을 아끼도록 가르치는 유태인들의 교육은 경제 사회, 특히 비즈니스 세계에서 박리다매의 원리와 사업 발상으로 나타나게 됩니다.

유태인들은 아무리 상품이 우수할지라도 비싼 가격을 매겨 부를 축적하지는 않습니다. 오히려 어떻게 하면 보다 많은 사람들을 고객으로 끌어들일까를 먼저 고민합니다. 이는 일단 고객이 모여들기 시작하면 적은 이익을 붙이더라도 많은 상품이 팔리게 됨으로써 현금의 흐름이 좋아진다는 장점을 유태인들이 잘 알고 있기 때문입니다.

상품과 현금의 회전이 원활해지면 그 사업의 성장세는 가속을 받게 되고, 그러다 보면 굴지의 기업으로 커 나갈 가능성이 높아지게 마련입니다. 그리고 더 나아가 사업과 회사의 규모가 커지면 커질수록 자본의 집중은 더욱 빨라짐과 동시에 산업 전반에 걸쳐서 그 파급 효과는 실로 상상할 수 없는 정도가 됩니다. 그러다 보면 자연스럽게 산업 전체에 대한 발언권도 커지게 마련입니다.

넓고 많다는 것은 그만큼 많은 사람들이 자유롭게 오갈 수 있다는 의미이며, 이는 동시에 현대 산업 사회의 생명이라고 할 수 있는 무수한 정보가 흘러드는 계기로 작용합니다. 또한, 신뢰도가 높은 대량의 정보는 새로운 착상과 사업의 기회를 제공하며, 이는 기업은 물론 그 사회와 국가의 성패를 결정하는 요인으로까지 작용하게 마련입니다.

이처럼 유태인에게 가장 기본이 되는 사업 발상은 박리다매, 즉 '넓고 얕게 많이'라는 원리라고 할 수 있는데, 이것이 바로 어려서부터 푼돈을 아끼도록 가르치는 유태인들의 경제 교육에서 비롯된 것입니다.

| 실생활에 적용하는 경제 교육 |

불우이웃을
안 쓰는 동전으로 돕는다?

간혹 "우리 안 쓰는 동전은 모아서 불쌍한 사람을 돕는 데 쓰자."라고 말하는 부모나 교사를 보게 됩니다.

그런데 이 말이 아이의 경제 교육에 과연 좋은 영향을 줄 수 있을까요? 다른 사람을 돕기 위해서 돈을 모으는 것은 좋은 교육 과정일 수 있을 것입니다.

하지만 이 말은 아이들에게 경제생활과 돈의 올바른 가치를 가르치는 데 있어서는 적지 않은 문제점들을 가지고 있습니다. 특히, 아이들에게 경제생활과 관련해서 큰 오해를 불러일으킬 우려가 있습니다.

먼저 아이들이 푼돈의 가치를 간과하게 만듭니다.

우리나라의 경제생활은 궁극적으로 1원에서 시작합니다. 이 말은 곧,

개인이 갖고 싶은 것을 사기 위해서는 1원짜리를 무수히 모으는 것에서 시작한다는 말과 같습니다. 결국 경제생활에 있어서 10원이나 100원짜리 푼돈은 매우 중요하고 쓸 곳이 많다는 뜻이 됩니다.

수가 '0'에서 시작하듯이 돈의 가치 또한 '돈이 없음'에서 시작한다고 볼 수 있습니다. 물가가 올라서 푼돈의 가치가 아무리 낮아지더라도 이는 푼돈으로 취할 수 있는 것이 적어진다는 뜻이지 푼돈이라고 해서 무가치하게 변한다는 뜻이 아닙니다.

따라서 부모는 아이가 오해하지 않도록 주의해야 합니다. 즉, 우리 사회의 가장 작은 화폐 단위에도 엄연히 그것에 해당하는 가치가 있다는 사실을 분명히 가르쳐야 합니다.

그 밖에 다른 사람을 돕기 위해 돈을 쓴다는 의미에 대해서도 아이들이 오해하지 않도록 조심해야 합니다. 저축은 쓰고 남은 돈으로 하는 것이 아니며, 불우이웃을 돕거나 공공 문화를 위해 돈을 기부하는 것도 쓰고 남은 돈으로 하는 것이 아님을 가르쳐야 합니다.

실제 경제생활에서 쓰고 남는 돈이란 있을 수 없습니다. 따라서 쓰고 남는 돈이 있기를 기다려 무언가를 계획한다는 것도 불가능한 것입니다. 돈을 아끼고 저축하며 관리하는 것은 자신의 돈을 적절히 배분하는 것과 다름없기 때문입니다.

아이에게 자신의 것을 다른 사람들과 나누는 마음을 가르치려 한다면, 소중한 것을 나누었을 때와 쓰고 남는 것을 주었을 때의 기쁨이나 만족감은 커다란 차이가 있다는 것을 먼저 가르쳐야 합니다.

따라서 어려운 이웃을 돕기 위한 성금 등은 자신이 가진 전체 돈에서 떼어내는 것이며, 이는 자신의 소비 생활을 보다 합리적으로 하면서 절약해야 가능하다는 것도 아이에게 분명하게 알려주어야 합니다.

유치원이나 가정에서도 동전을 모아 남을 돕는 것보다는, 아이들이 매주 저축하는 돈 가운데에서 일부를 떼어내 불우한 이웃을 돕게 하는 것이 좋습니다.

기부를 위한 저금통에 동전만 넣게 할 필요는 없겠지만, 동전이 가득 찼을 경우에는 교사나 부모가 아이가 보는 앞에서 동전의 수만큼 지폐로 바꿔 넣는 것도 좋은 교육이 될 수 있습니다. 아울러 동전을 계속 모아 저금통에서 묵히는 것보다는 순환시킴으로써 동전 만드는 비용도 줄일 수 있고, 경제의 흐름도 좋아진다는 설명을 덧붙이는 것도 바람직하다고 할 수 있습니다.

…돈은 좋은 것이다

"소리야, 아빠 심부름 좀 해라."
"무슨 심부름이요?"
"슈퍼 가서 일회용 면도기 하나만 사와라."
"얼마 줄 건데요?"
"심부름하는 데 무슨 돈을 달라고 그러냐. 용돈 따로 주는데."
"그래도 심부름 값은 주셔야지요."
"원 녀석, 넌 누굴 닮아서 돈을 그렇게 밝히니? '
"아빠 전 돈이 좋아요."
"돈 좋아하면 패가(敗家) 망신한다."
"그게 무슨 말이에요?"
"됐다. 네가 뭘 알겠냐. 얼른 면도기나 사와. 여보, 소리 교육 좀 잘

시켜야겠어. 원, 벌써부터 돈을 저렇게 좋아하니….”

아마도 대부분의 부모들은 자녀가 돈을 좋아하고 밝힌다면, 일단 좋게 생각하지는 않을 것입니다. 많은 부모들이 자녀에게 돈은 결코 좋은 것이 아니라고 가르칩니다. 그래서 아이가 돈을 지나치게 좋아하는 모습을 보면 일단 야단부터 치기 시작합니다.

'넌 어린애가 무슨 돈을 그렇게 밝히니? 못 써.' 혹은 '벌써부터 돈 좋은 거 알면 안 돼.' 등등.

그런데 자녀에게 왜 돈이 안 좋은 것인지 분명하게 말해 줄 수 있나요? 아니면 돈이 좋은 것이라고 분명히 가르쳐줄 수 있는지요?

유태인 부모는 자녀들에게 다음과 같이 교육합니다.

“엄마, 돈은 좋은 거예요, 나쁜 거예요?”
“너는 어떻게 생각하니?”
“돈이 있으면 먹고 싶은 것도 사먹을 수 있고, 장난감도 살 수 있지만 잘 모르겠어요. 어떤 사람은 돈 때문에 악한 일도 저지르고 그러니까요.”
“엄마는 돈이 좋은 거라고 생각한단다. 돈이란 선인에게는 좋은 것을 안겨주고 악인에게는 나쁜 것을 준다는 격언처럼, 돈을 올바로 사용할 수 있는 능력이 되는 사람이라면 돈은 충분히 좋은 것일 수 있단다.”
“그럼 돈은 모든 것을 좋게 하는 거네요?”
“물론 돈이 모든 것을 좋게 할 수는 없단다. 하지만 기회를 만들어줄 수는 있거든. 예를 들어 지금 너는 책을 읽고 싶은데 책 살 돈이 없다고 생각해 보렴."

"책을 사볼 수 없겠지요."

"단순히 책을 사볼 수 없는 것뿐만 아니라 책을 통해서 얻을 수 있는 지식과 간접경험까지 할 수 없게 되는 거란다."

"그러니까 돈은 좋은 점이 더 많은 거네요?"

"돈을 올바르게 사용할 수 있는 사람들에게는 그런 셈이지."

물론 돈이 인생의 전부가 될 수 없습니다. 그러나 돈은 인생의 많은 것을 바꾸어 놓을 수 있습니다. 물질의 어려움을 겪어본 사람은 돈이 사람을 얼마나 불행하게 하고 초라하게 하는지 말입니다. 분명한 것은 돈은 인생의 여러 문제들을 다스릴 수 있는 기반이 된다는 것입니다.

구약 시대에 셈족들은 항상 9년을 일하고 한 해를 쉬었습니다. 그들은 이 한 해 동안은 일상에서 벗어나 자신을 돌아보는 시간을 가졌습니다. 차분히 자기 삶의 행로를 검토하고 다음 10년을 계획하고 준비하는 기간이었습니다. 그들은 이 일 년 동안은 일이나 돈에 구애받지 않고 여행을 하거나 그냥 아무 일도 하지 않고 쉬었습니다. 그렇게 했기 때문에 다음 10년을 또 살아갈 에너지를 보충할 수 있었던 것입니다.

이처럼 유태인은 '열심히 일해서 풍족하게 쓸 수 있다면 돈은 사람을 구속하는 게 아니라 삶을 뒷받침해 주는 것'이라고 생각합니다. 돈이 있으면 더 많은 사람들을 만나고 멋있는 곳에 갈 수 있고, 자신이 좋아하는 일에 맘 편히 매진할 수 있기 때문입니다.

뿐만 아니라 돈은 자신감을 갖게 하고, 남들에게 더 많이 인정받게 하는 것은 물론 인생의 여러 가능성을 누릴 수 있게 합니다. 이처럼 돈이란 인간의 삶을 윤택하게 하는 힘이며 무기가 됩니다. 그래서 유태인들은 아이들에게 돈의 긍정적인 면을 보고 가치 있게 사용할 수 있도록 하는 것입니다.

| 실생활에 적용하는 경제 교육 |

아이들이 생각하는 돈의 개념

다섯 살인 희철이는 500원이 이 세상에서 제일 좋다고 말합니다. "엄마, 500원만!"이라는 말을 입에 달고 다닐 정도입니다. 이는 아이들이 가게에 가서 가장 쉽게 소비할 수 있는 금액이 보통 500원 정도이기 때문입니다.

500원짜리 동전을 좋아하는 아이에게 천 원짜리 지폐를 주고 아이의 형에게 500원짜리 동전을 준다면 아이는 금세 형에게 달려가 서로의 돈을 바꾸자고 할 것입니다. 아이들이 이런 행동을 보이는 것은 화폐에 교환 가치가 있다는 것은 알아도, 단위나 그 가치를 정확히 모르고 있기 때문입니다.

아이들 가운데는 화폐의 단위를 제대로 몰라 어른들을 웃게 만드는 일이 종종 있습니다. 이럴 때 부모는 다음과 같은 말들을 합니다.

"애들이란 참! 천 원보다 500원을 더 좋아하니."

"어릴 때는 돈을 모르는 게 좋은 거지 뭐."

"우리 애는 도대체가 돈이 뭔지를 모른다니까."

어떤 부모는 아이가 숫자나 글자에 관심을 보이면 무척 좋아하는 반면, 돈에 관심을 보이면 그리 달가워하지 않습니다. 그러나 이러한 부모의 마음은 아이의 경제 교육에 방해가 됩니다.

돈의 가치와 화폐의 단위를 제대로 알지 못하는 아이에게는 다음과 같은 방법으로 경제 교육을 하는 것이 좋습니다.

아이에게 지갑을 주면서 놀게 합니다. 그런 다음, 아이에게 다가가 '100원짜리는 몇 개일까?', '500원짜리는 몇 개일까?' 하고 물어봅니다. 또한, 동전을 차곡차곡 쌓는 놀이를 하면서 그 높이를 비교해 보도록 하는 것도 좋습니다.

그 밖에도 100원짜리 동전과 10원짜리 동전을 마주 대고 크기를 비교해 보게 하거나 아이에게 100원짜리 10개와 천 원짜리 지폐를 비교해서 보여 준 다음, 그것들을 가지고 가게에 가서 각각 같은 가격의 물건을 살 수 있다는 것을 인식시켜 줍니다.

지식은 개인으로부터 개인에게 전해지지만,
지혜는 세대에서 세대로 전해진다.
포도주는 오래될수록 맛이 좋아진다. 지혜도 이와 같다.
해를 거듭함에 따라 지혜는 닦여지면서 그 빛을 발한다.
책에서는 지식을, 인생에서는 지혜를 배운다.

아이의 경제 습관을
길러주는 법

┈자녀를 돈과 현실에서 격리시키지 마라

일부 부모들은 자녀들에게 사회성과 현실 감각을 길러주기보다 아이를 보호한다는 명목하에 사회와 현실로부터 분리시켜 놓으려 합니다. 오로지 아이의 학업 성적에만 관심이 있고, 점수가 괜찮으면 인성과 기본적 정서가 조금 이상을 보여도 대수롭지 않게 생각하곤 합니다.

경제적으로 윤택하지는 않았어도 지금의 부모 세대들은 어렸을 때 흙먼지 이는 마을 공터와 산과 들, 냇가 등에서 마음껏 뛰어 놀던 추억을 가지고 있습니다. 그리고 가족 공동체라는 든든한 버팀목을 믿고 사회와 현실에 조금씩 발을 내딛으며 어른으로 성장해 왔습니다.

대자연 속에서 친구들과 건강하게 뛰놀던 그 시절의 부모 세대들은 현실과 공동체라는 것에 대해서 자연스럽게 체험할 수 있었습니다. 하지만 일상생활 속에서 자연스럽게 함께해 온 그 모든 것들이, 지금의 아이들과 부모들에게는 큰 결심을 하고 오랜 시간을 들여야만 간신히 만나볼 수 있는 그런 것이 되어 가고 있습니다.

그런가 하면 우리 사회의 부모들이 아이들을 사회의 현실과 분리시켜 놓으려는 성향을 가장 심하게 드러내는 것이 '돈'과 관련된 부분, 즉 경제생활 부분입니다. 아이가 어렸을 때부터 돈을 알거나 번다든지, 혹은 돈 계산에 밝다고 하면 우리 부모들은 걱정부터 합니다.

"내가 어렸을 때는 돈이 없어서 원하는 것을 다 가질 수가 없었어. 그런데 요즘 아이들은 너무 일찍 돈을 아는 것 같아."

"왜 아니겠나! 초등학교에 다니는 우리 아들 녀석은 언젠가 아르바이트를 하겠다며 허락해 달라고 조르더라고. 자전거가 너무 갖고 싶어서 그런다나?"

"자네 아이도 만만치 않군 그래. 도대체 세상이 어떻게 돌아가려는 건지. 아이들이 갈수록 더 비싸고 많은 걸 갖고 싶어 하고, 중요하지도 않은 곳에 돈을 쓰려고 하니 도대체 돈의 소중함을 모르는 것 같아."

요즘 아이들만이 아니라 부모 세대가 어렸을 때도 아마 이와 비슷한 걱정을 하시는 말씀을 심심찮게 들었을 것입니다.

하지만 세월이 가고 시대가 변함에 따라서 물건 값이 얼마나 올랐는지, 즉 돈의 가치가 얼마나 떨어졌는지, 일상생활은 얼마나 변화하고 다양해지고 있는지, 또 우리나라의 경제는 어느 정도로 성장하고 있는지 등을 먼저 생각해 볼 필요가 있습니다. 그러면 단순히 요즘 아이들이 돈의 소중함을 모른다는 식으로 몰아붙이지만은 않을 것입니다.

아이들이 돈의 소중함을 모른다고 말하기 전에, 부모로서 얼마나 자녀에게 돈에 대한 올바른 가치관을 심어주려고 노력했는지를 생각해야 합니다. 실상 돈의 가치를 잘못 알고 있는 아이들은 부모들의 잘못된 교육 때문에 그렇게 된 경우가 많습니다.

즉, 돈과 관련해서만큼은 아이들을 너무 세상과 동떨어진 곳에서 기르고 싶어 하는 부모들이 우리 사회에 많은 탓입니다.

지금 부모의 위치에 있는 모든 사람들도 현실에 뛰어들어 사회생활을 하는 동안 하나씩 깨달아 알게 되었던 것이 있을 것입니다. 즉, 우리가 원하는 것을 해주기 위해서 엄마 아빠는 얼마의 돈이 필요했고, 또 그만큼을 해주기 위해서 스스로를 얼마나 많은 것들을 포기하셨는지, 왜 그렇게 열심히 힘들게 사셨어야 했는지를 말입니다. 부모는 자녀에게 바로 이러한 점들을 이야기해 주고 가르쳐야 합니다.

일반적으로 아이들은 돈을 버는 것과 쓰는 것을 분리하여 인식할 수밖에 없습니다. 또한, 자기 통제력도 어른들보다 부족한 것이 사실입니다. 이는 소득을 부모에게 의존하고 있기 때문입니다. 그렇기 때문에 부모로서 아이들에게 자신이 옳다고 생각하는 가치를 가르쳐야 하며, 아이들이 책임 있는 경제인으로 살아갈 수 있도록 교육할 책임이 있습니다.

'스스로 벌어 보지 않으면 돈 무서운 줄을 모른다.'라는 말이 있습니다. 아이들이 돈에 대해서 무지하고 현명하지 못한 이유가 바로 여기에 있습니다. 돈 버는 것은 배우지 않고 쓰는 것만 배웠기 때문입니다.

우리 사회는 돈 버는 것을 쓰는 것에 비해 너무 늦게 배우게 되는 경향이 있습니다. 아이들에게 돈의 소중함을 느끼게 하는 가장 좋은 방법은 자신의 노력으로 돈을 벌어 보는 것입니다.

유태인들은 아이들을 가르칠 때 컴퓨터와 영어 교육보다도 소규모 그룹 활동을 적극 권장합니다. 예를 들어, 이스라엘의 유치원은 한 반이 약 20명의 아이들로 구성되는데, 아이들은 다시 4~5명씩의 소규모 그룹으로 나눕니다.

이렇게 소규모 그룹으로 나누는 이유는 작은 공동체 활동을 통해서 아이들에게 사회성과 협동심을 가르칠 수 있다고 믿기 때문이며, 동시에 사회성과 현실 감각, 역사 의식을 키우는 교육이야말로 국가 발전의 원동력이라고 믿기 때문입니다.

예를 들어, 학기 초가 되면 이스라엘의 교사들은 종종 파업을 벌이기도 하는데, 학부모들은 거의 언제나 교사들의 입장을 지지하는 편입니다. 따라서 자녀들에게도 선생님들의 정당성을 설명해 주며 의견을 묻기도 합니다. 유태인 아이들은 이 과정에서 선생님들의 노력과 고충을 이해하게 되며, 나아가 집단행동의 기능과 의의를 배우게 됩니다.

그런가 하면 이스라엘은 오랜 세월 끊임없이 전쟁을 겪고 있는데, 지금도 주변국들과 일촉즉발의 긴장 상태를 이루고 있습니다. 이런 상황에서 어른들은 아이들에게 전쟁에 대해 숨기기보다 솔직하게 알려주는 교육을 하고 있습니다.

즉, 전쟁이나 분쟁이라는 것도 엄연한 삶의 일부이며, 그 모든 현실은 극복할 수 있다고 가르치는 것입니다. 그렇기 때문에 유태인들은 아이들에게 다큐멘터리 전쟁 영화만큼은 적극적으로 보여줍니다.

이처럼 유태인들이 사회성과 현실 감각을 중요하게 여기는 것은 아주 오랜 전통입니다. 그리고 이러한 전통은 어린 자녀들에게 경제 교육을 행할 때도 변함없이 적용됩니다.

흔히 '유태인은 돈에 인색하다'거나 '수전노'라고 말하는 사람들이 많은데, 이는 잘못된 생각입니다. 돈 문제에 있어서 대충이라는 개념을 용납하지 않고 철저하게 계산하여 처리하는 것일 뿐 유태인은 절대로 구두쇠라고 할 수 없습니다.

유태인들은 돈 자체를 나쁘게 생각하는 법이 없습니다. 이는 돈을 쓰는 사람의 문제라고 믿기 때문입니다. 그런 까닭에 그들은 자녀들에게도 돈의 의미를 제대로 가르치는 동시에 돈을 죄악시하거나 부정하게 생각하지 않도록 세심한 주의를 기울여 교육합니다.

유태인 부모가 자녀에게 용돈을 줄 때, 돈의 올바른 쓰임새와 가치 창출에 대해 먼저 가르치는 것도 그 때문입니다. 그리고 반드시 용돈의 지출 계획서를 쓰게 하여 올바르게 계획대로 지출을 하고 있는지를 점검하고 자주 의논을 해줍니다.

그렇다고 유태인 부모들이 무조건 아껴 쓰는 것만을 강조하는 것도 아닙니다. 만일 자녀의 금전 출납부를 검토한 결과, 아이가 친구와의 교제를 위해서 지출되던 용돈의 쓰임을 줄인 것으로 나타나면 이렇게 이야기합니다.

"친구들을 위해 써야 할 돈을 줄이는 것은 옳지 않은 것 같다. 결과적으로 다른 친구들이 그만큼의 돈을 더 쓰게 된다는 의미이니까 말이다. 다음 달에는 친구들을 위해서 좀 더 신경을 쓰도록 해라."

또한, 유태인들은 자녀들이 어떤 물건을 사기 위해 용돈 이외의 돈을 필요로 할 때, 반드시 집 안팎 청소나 정원 가꾸기 등 그 액수에 상응하는 집안일을 시킵니다. 이는 자신이 원하는 것을 사기 위해 돈을 얻으려면 반드시 그에 준하는 가치를 만들어내야 한다는 노동의 원리를 가르치기 위해서입니다.

| 실생활에 적용하는 경제 교육 |

아르바이트를 하고 싶어 하는 아이에게

요즘은 워낙 사회가 다양해지고 경제생활도 복잡해지다 보니 초등학교 아이들도 아르바이트를 하겠다고 나서는 경우를 종종 보게 됩니다. 그런가 하면 실제로 그 또래의 아이들이 아파트 내에 전단지를 돌리거나 문구점 점원 등의 아르바이트를 하는 것을 볼 수 있습니다. 이처럼 부모가 생각하는 것 이상으로 우리 사회에서 아이들의 돈벌이에 대한 인식과 경험은 폭이 넓습니다.

아이가 아르바이트를 해서 돈을 벌겠다고 할 때 무조건 다음과 같은 반응을 보이는 것은 좋지 않습니다.

"네가 돈은 무슨…. 그 시간에 공부나 해."

"아르바이트는 뭐 아무나 하는 줄 아니?"

그러나 이렇게 말하기보다는 아이에게 기회를 주는 편이 바람직합니다. 사실 우리 사회의 수많은 여건으로 볼 때, 부모가 아이의 생각을 막는

데도 한계가 있게 마련입니다.

아이의 '돈벌이'를 허락했을 때, 특히 아이가 어릴수록 부모가 모든 과정에 적극 개입해야 합니다. 우리 사회는 아직 아이들이 돈을 벌 수 있는 환경을 갖추고 있지 않아서, 부모가 아이를 '경제 시민으로 키우기'란 원칙을 세우고 교육하려면 꼼꼼히 점검하고 확인해야 합니다.

첫째, 일을 하고자 하는 목적이 무엇인지를 아이에게 물어보아야 합니다. 일을 해서 가장 얻고 싶은 것이 무엇인지? 돈을 벌기 위해서라면 그 돈을 어디에 쓸 것이며 그 용도는 바람직한 것인지, 경험을 얻고자 한다면 그 경험을 통해 어떤 면의 자기 성장을 기대하는 것인지도 이야기해 봐야 합니다. 이런 대화는 부모가 아이를 이해하고, 아이가 이루고자 하는 목적에 도움을 주기 위한 것입니다.

둘째, 아이가 아르바이트를 하게 되었을 때 일어날 수 있는 긍정적, 부정적인 면을 동시에 따져 보아야 합니다. 또한, 일을 하면서 발생되는 문제에 대해서 대책과 각오도 세워져 있어야 하는데, 이는 돈을 버는 데 있어서 그 일과 인간관계에 대한 책임이 크다는 사실을 아이에게 인식시켜 줄 필요가 있기 때문입니다.

셋째, 아이를 데리고 함께 일터를 찾아가서 다음과 같은 것들을 확인해야 합니다.

- 아이가 해야 하는 일과 시간당 임금, 지급 방법 등의 고용 조건
- 고용주는 어떤 사람인가
- 일하는 환경

넷째, 아이의 경제 활동을 허락했다면 고용주에게 부모로서 아이를 부탁하고, 문제가 있을 경우에는 반드시 연락을 부탁해 둡니다. 아이는 이러한 부모의 지원에 힘을 얻게 되고, 고용주는 혹시 저지를 수도 있는 부당 대우 등에 대해서 적지 않은 압력을 느낄 것입니다.

다섯째, 아이가 일을 시작하면 책임을 성실하게 이행할 수 있도록 생활 습관이나 정신적인 면을 격려하고 조절해 주어야 합니다.

여섯째, 아이가 경제생활을 시작했을 때 가장 중요한 문제는 '번 돈을 어떻게 쓰게 하느냐' 입니다. 물론 기본적으로 소득의 지출은 번 사람의 마음일 수도 있겠으나, 지나친 사치와 욕망을 충족시키거나 단순히 유행을 따라하는 데 어렵게 번 돈이 사용되지 않도록 지도하는 것이 바람직합니다.

🏛 ⋯ 물고기를 잡아주지 말고
　　　그물짜는 법을 가르쳐라

　　우리나라의 아이들은 부모들의 지나친 집착이다 싶을 정도의 교육열 속에서 성장합니다. 이런 교육열은 유태인 부모들과 비교해도 결코 뒤지거나 부족한 것이 없습니다.

　　그런데 유태인 아이들이 성인이 되어 세계를 무대로 각자의 분야에서 인류에게 도움이 되는 괄목할 만한 업적을 쌓아갈 때, 우리나라의 아이들은 대체로 좋은 학교와 좋은 직장을 찾아 개인의 영달을 도모하는 성향을 보입니다.

　　왜 이렇게 다른 결과가 나타나는 것일까요?

　　"엄마, 이 수학 문제 좀 가르쳐주세요."

　　"어디 보자. 어휴, 너무 어렵네. 이럴 때는 고민하지 말고 뒤에 있는 해답을 보고 외워 버리면 되지 않니."

"엄마가 전에 해답부터 보지 말라고 했잖아요."

"괜찮아. 그렇게 어려운 문제는 그냥 외워서 쓰면 되는 거야. 그래야 하나라도 더 머리에 넣을 수 있고, 그래야 다른 아이들보다 좋은 성적을 받을 게 아니겠니. 넌 왜 그렇게 요령이 없는 거니?"

"알았어요."

위의 대화에서 볼 수 있듯이 우리 부모들은 아이들의 공부에 있어서, 노력의 과정이나 모르는 것을 알아 가는 기쁨보다는 학교 시험에서 다른 아이들보다 답을 하나 더 쓰는 것을 강조하는 교육을 선호합니다.

우리 부모들의 이러한 교육 현실에 비춰볼 때, 우리의 자녀들에게 있어서 삶과 지식은 따로따로 분리된 것일 수밖에 없습니다. 그리고 이러한 교육 현실이 드러날 수밖에 없는 가장 큰 문제점이 있습니다.

바로 '삶이 결여된 지식은 지혜의 문을 넘어설 수가 없다.' 는 점입니다. 이는 우리의 교육이 지식 그 자체에만 집착하는 교육임을 알게 합니다.

유태인 아이들 역시 우리나라의 아이들처럼 대부분의 교육이 학교에서 이루어집니다. 하지만 학교에서의 교육은 주로 폭넓은 지식을 배우는 데 할애되는 편입니다. 반면에 가정에서는 삶의 전반에 걸친 경험과 그 경험이 녹아 있는 지혜를 주로 배웁니다.

지식은 개인에서 개인에게로 전해지지만 지혜는 세대에서 세대로 전해진다.

포도주는 오래될 수록 맛이 좋아진다. 지혜도 이와 같다. 해를 거듭함에 따라 지혜는 닦여지면서 그 빛을 발한다.

책에서는 지식을, 인생에서는 지혜를 배운다.

유태인들의 말에 따르면, 지식은 '무엇'에, 지혜는 '어떻게'에 해당한다고 할 수 있습니다. 다시 말해서 '무엇을 할 것인가?'에 대한 답은 지식이 가르쳐줄 수 있지만, '어떻게 해야 하는가?'에 대한 판단은 현명한 지혜가 있어야 내릴 수 있다는 것입니다.

또한, 지식은 쉽게 쓰고 쉽게 잊어버릴 수 있지만, 한번 배운 지혜는 오랜 세월을 두고 소중한 순간에 쓰여 집니다.

그렇기 때문에 유태인들은 언제나 자녀들이 머리를 사용할 수 있는 환경을 만들어 놓습니다. 이는 '유태인답게 사는 것은 몸보다 머리를 쓰며 사는 것'이라는 가르침을 아주 어릴 때부터 체득하게 하기 위함입니다.

〈탈무드〉에는 '물고기 한 마리를 잡아주면 하루를 살 수 있겠지만, 그물 짜는 법을 가르쳐주면 평생을 살아갈 수 있다.'는 격언이 있습니다. 이는 유태인들에게 지식 자체를 물려주는 것과 지식을 얻을 수 있는 방법을 가르치는 것의 차이를 말해 주고 있습니다.

　유태인들이 생각하는 지식과 지혜의 차이는 경제 교육에서도 그대로 나타납니다.

　유태인들은 아이들에게 수학이나 구구단을 먼저 가르치는 대신에, 일상생활 속에서 경제 원리와 경제관념을 심어줄 수 있는 지혜에 치중한 교육을 행합니다.

　유태인 부모들은 아이에게 용돈이 생겼을 때 곧바로 은행에 달려가 저금을 하도록 가르칩니다. 그리고 나중에 돈이 필요할 때마다 허락을 받아서 저금해 둔 돈을 찾아서 쓰도록 교육합니다. 어려서부터 이러한 교육을 받으며 자란 유태인 아이들은 중요하지 않은 물건을 사 달라고 부모를 조르는 법이 없습니다.

　보통 유태인 부모는 아이가 바라는 것이 무엇인지를 평소에 자주 말해 보게 하며, 그것들의 순위를 스스로 정해 보게 하기도 합니다. 이렇게 하는 이유는 아이가 정한 우선순위에 따라 조금씩 물건을 구입해 주기 위해서입니다. 이렇게 아이가 원하는 것을 순차적으로 사줄 때 유태인 아이들은 불만을 갖지 않습니다.

　또한, 유태인 부모들은 갖고 싶다고 이 세상 모든 물건을 다 살 수 없다는 사실과 혹여 돈으로 다 살 수 있더라도 필요 없는 물건을 사는 것은 합리적 소비 생활이 아님을 분명하게 가르칩니다.

　그리고 어른들이라도 갖고 싶은 것이 있는 것은 아이들과 다르지 않지만 다 사지는 않으며, 필요 없는 물건을 샀을 때는 나중에 크게 후회하게 된다는 사실을 알려주려고 노력합니다.

　유태인 부모의 이러한 경제 교육은 물건을 사 달라고 떼쓰는 아이의 버릇을 바로잡는 데 효과가 클 뿐만 아니라, 이러한 대화를 통하여 아이는 합리적 소비 생활에 대한 부모와의 공감대를 형성함으로써 올바른 소비 의식을 키우게 됩니다.

　유태인의 이러한 경제 교육은 지식 한 가지를 머리에 주입하기보다 세상을 살아가는 데 힘이 될 수 있는 지혜를 가르치고자 하는 그들의 교육 전통을 잘 반영하고 있습니다.

　많은 부모들이 흔히 자녀의 경제적 관념과 소비 주체로서의 능력을 무시하는데, 경제 의식과 소비 생활은 어린 시절부터 형성시켜 주어야 합니다. 그리고 아이들의 경제 의식은 주로 부모의 영향을 받게 되어 있습니다. 따라서 부모들도 일상생활 속에서 자녀들에게 합리적이고 모범적인 소비 생활을 보여줄 수 있어야 합니다.

　예를 들어, 백화점이나 할인매장에 갈 때 아이들을 데려가서 꼭 필요한 것 외에는 충동구매를 하지 않는 모습을 보여주는 것도 좋은 경제 교육이 될 것입니다. 또한, 가족 모두가 함께 쓸 것과 각자 필요한 것을 적어놓은 메모를 가지고 약속한 날에 아이와 함께 물건을 사러 가는 습관을 들이는 것도 좋습니다.

　이외에도 평소 아이들에게 다음과 같은 말을 자주 해주는 것만으로도 경제 의식을 갖게 할 수 있습니다.

'돈은 꼭 필요한 곳에 쓰일 때 더 큰 가치를 발휘한단다.'

'엄마 아빠도 얼마나 갖고 싶은 게 많은지 아니? 하지만 몇 번씩 생각하고 또 생각해 보니까 그중에 많은 것들이 반드시 필요한 물건이 아니더구나.'

'돈이 많으면 사랑하는 사람들에게 선물을 사줄 수 있는 기회가 더 많아진단다.'

그렇게 되면 가족 모두 생활 규모에 맞는 소비 생활을 할 수 있을 뿐더러, 아이들도 부모를 본받아 합리적 소비 습관을 기를 수 있습니다. 그리고 바로 이것이 유태인들의 생활 지혜인 것입니다.

유태인들의 경제생활의 지혜는 유태계 비즈니스맨들을 통해서도 쉽게 확인할 수 있습니다. 유태계 비즈니스맨들과 교제해 보면 그들이 거의 만물박사 수준의 해박한 지식을 가지고 있음에 놀라게 됩니다. 그런데 더욱 놀라운 것은 그들의 지식이 수박 겉핥기 수준이 아니라 거의 각 분야의 전문가 수준에 가까울 정도라는 점입니다.

예를 들면, 대서양에 서식하고 있는 물고기의 이름, 자동차의 구조, 동식물의 종류 등에 관한 지식까지도 전문가 못지않습니다. 유태인들의 지식의 분야는 정치, 경제, 역사, 스포츠, 레저 등 너무나도 다양합니다.

다른 나라 사람들이 그런 유태인을 보면, 도대체 자신들의 상거래와 아무 관계도 없는 것들에 왜 그리 관심과 조예가 깊은지 이해할 수 없다는 반응을 보이기도 합니다.

하지만 이러한 풍부한 지식이 유태인의 화제를 풍부하게 하고 인생의 여유를 갖게 한다는 사실을, 그리고 그러한 사실들이 비즈니스 세계에서 얼마나 큰 위력을 발휘하는지 모릅니다. 그러한 지식의 종합된 총체와 이를 토대로 발휘되는 놀라운 지혜가, 유태인 상인들로 하여금 순간을 다투는 비즈니스 세계에서 성공적인 판단과 모험을 할 수 있도록 도와줍니다.

이런 사실들로 볼 때 '상인은 주판만 놓을 수 있으면 된다.'는 생각이 얼마나 시야가 좁고 비유태적인 사고방식인지는 어렵지 않게 알 수 있습니다.

| 실생활에 적용하는 경제 교육 |

어릴 때부터
돈을 벌 수 있도록 하라

 이제 우리 사회도 아이들이 가치와 감각을 가지고 자신의 경제생활을 개발해 나갈 수 있는 시대를 맞고 있습니다.
 어렸을 때부터 직접 돈을 벌어 보도록 하는 교육은 돈에 대한 감각을 익히게 할 뿐만 아니라, 나중에 어른이 되어서 사회에 나갔을 때 자신의 역할을 수행할 수 있는 자질과 능력을 키워줍니다.
 아이들의 경제 교육에 많은 관심을 갖고 있는 서양에서는 아이들이 돈을 쓰고 저축하는 것뿐만 아니라, 돈을 벌 수 있는 아이디어와 일을 얻는 방법, 자신이 맡은 일에 책임을 다하는 방법 등을 소개한 책들이 많습니다. 뿐만 아니라 어린 나이에 사업에 성공한 아이들의 이야기를 소개한 책들도 많이 팔리고 있습니다.
 하지만 우리 사회에서는 아직도 아이들이 일을 해서 돈을 벌 수 있는 정상적이고 긍정적인 방법을 찾기가 어려운 게 현실입니다. 자녀가 어엿

한 경제인으로 성장하기를 바라는 부모라면, 친척이나 친한 이웃끼리 이 문제를 함께 의논해 볼 수 있을 것입니다.

예를 들어, 가정에서 아이가 돈을 벌 수 있는 일로는 부모가 외출할 때 동생 돌보기, 동생 숙제 도와주기나 책 읽어주기, 재활용품 정리하기, 세차 도와주기, 신발 정리하기 등을 들 수 있습니다. 그런가 하면 친척이나 이웃 사이에도 그와 같은 일을 어렵지 않게 찾을 수 있습니다. 아기 보기, 애완동물 돌보기, 노인 도와 드리기, 유리창 청소하기, 우편물이나 신문 관리하기, 화분 관리하기와 같은 것들이 그것입니다.

그 밖에 아이의 취미를 살려서 할 수 있는 일도 많습니다. 선물 포장하기, 카드 만들기, 컴퓨터 가르치기와 서비스, 재활용품 수거하기, 눈이나 낙엽 치우기 등.

그런가 하면 아이들이 다 읽은 책이나 장난감 등을 정리해서 사고팔 수 있는 장터나 벼룩시장 등의 장소를 찾아주는 것도 좋습니다.

이런 일들은 아이가 돈을 생활화하고, 그 가치를 올바로 평가하는 데 큰 도움이 됩니다. 또한, 이런 일을 해보는 동안에 부모가 돈을 얼마나 어렵게 벌고 있는지를 알게 되며, 이에 따라 자연스럽게 부모가 주는 용돈을 소중히 다루게 됩니다. 아울러 일에 대한 책임감을 기를 수 있습니다.

경제 교육은 합리적 사고로 냉철하게

간혹 아이들이 다음과 같이 말하는 것을 들을 수 있을 것입니다.

"나 용돈 받기 싫어요!"

이럴 때 부모는 합리적인 사고를 통해서 냉철한 판단을 내릴 필요가 있습니다.

부모가 아이에게 평생 필요로 하는 돈을 줄 수 있거나 아이의 돈을 평생 관리해 줄 수 있다면, 아이들에게 어떻게든 용돈 교육을 시키려고 애쓸 필요가 없을 것입니다. 하지만 현실은 결코 그렇지를 못합니다.

용돈 교육과 경제 교육은 아이가 커서 독립적인 경제생활을 영위하게 되었을 때, 자신의 돈을 스스로 현명하고 합리적으로 관리할 수 있는 능력을 길러주기 위한 기초 교육입니다. 따라서 아이가 용돈을 거부할 때 '그러렴.' 하는 식으로 간단히 물러서서는 안 됩니다. 먼저 부모가 용돈 교육을 시키는 이유와 그것이 어째서 아이에게 필요한지를 이해시키기 위해서 노력해야 합니다.

또한, 합리적이고 현명한 부모라면 아이의 용돈 거부 이유를 다음의 몇 가지로 정리해 볼 수 있을 것입니다.

첫째, 돈을 받아 계획을 세워 절약하고 부모의 허락을 받아야 하는 것이 싫기 때문이라고 생각할 수 있습니다. 이는 곧 책임을 지는 것이 부담스럽다는 뜻이기도 합니다.

둘째, 용돈의 금액이나 재량권이 너무 적어서 용돈을 받는 것이 유리할 게 없다고 생각한 것일 수도 있습니다.

셋째, 부모가 지금껏 풍족하게 해주었기 때문에 아이가 별다른 돈 욕심을 부릴 필요도 없고 개념도 부족하기 때문일 수 있습니다.

그런데 위의 세 가지 이유들은 한결같이 부모가 합리적인 용돈 교육과 경제 교육을 하지 못한 데서 비롯되는 것입니다. 아이로 하여금 돈을 관리하고 저축하도록, 그리고 돈을 가치 있게 쓸 수 있도록 가르치지 못했기 때문인 것입니다.

이렇게 볼 때, 유태인 부모들은 매우 합리적인 사고와 냉철한 판단을 하는 사람들입니다. 그들이 요란한 겉치레를 싫어하고 내면의 충실을 무엇보다 중시하는 것이나, 물건을 고를 때 포장보다 품질에 신경을 쓰는 것, 사람을 만날 때도 화려한 겉치장에 시간을 들이는 일이 별로 없는 것 등도 그런 까닭입니다.

만일 유태인 아이가 용돈을 받기 싫다고 했다면, 현실적이고 합리적인 그 부모는 경제 교육적인 측면에서 먼저 아이들에게 자신의 입장을 설명할 기회를 줄 것입니다. 이때 결코 중간에 부모가 끼어들어서 말참견을 하거나 판정을 내리지 않고, 인내심을 가지고 아이의 이야기를 끝까지 들어 줍니다. 이는 대화를 통해 갈등을 해결하려는 유태인들의 합리적인 교육 전통 때문입니다.

아이들의 자기 변론 기회가 끝난 다음에는 부모가 판결을 내려줘야 합니다. 유태인 부모들은 아이에게 잘못을 지적해 주고, 아이가 진심으로 그 잘못을 납득하고 인정하도록 유도합니다. 이때 유태인 부모들에게는 솔로몬의 지혜와 법정의 판사 못지않은 합리성과 냉정함이 요구됩니다. 물론 자기 변론의 권리를 다한 아이들은 부모의 지적과 판결에 조금의 불만도 갖지 않습니다.

유태인들이 돈을 관리하는 목적은, 아이나 어른이나 모두 더 나은 행복한 삶을 준비하기 위해서입니다. 돈을 모으거나 절약하는 것도 언젠가 다른 용도에 지출함으로써 즐거움을 얻는 소비 생활을 하기 위해서이지 단순히 생존을 위한 것에 한정된다면, 이것은 있는 돈을 단순히 지급하는 것이지 돈을 관리하는 것은 아니라고 그들은 생각합니다.

이는 유태인 부모들이 있는 돈을 정해진 곳에 지급하는 기계를 만들려는 것이 아니라, 돈을 어디에 어떻게 지출할 것인지를 생각하는 '금전 관리자'를 키우려고 하는 데 뜻이 있기 때문입니다. 따라서 유태인 부모들은 자녀에게 돈을 줄 때 아이가 자신의 돈을 관리하는 기쁨을 느낄 수 있도록 액수와 재량권, 항목들을 세심하게 배려합니다.

아이가 돈이 필요 없다, 돈 쓸 데가 없다고 하는 것은 부모가 지금껏 아이의 모든 금전 관리를 대신해서 풍족하게 해주었다는 뜻입니다. 이런 경우라면 유태인 부모들은, 자신이 아이에게 어떠한 것들을 대신해 주었는지를 생각해 볼 것입니다. 그리고 그 가운데에서 아이 스스로 할 수 있는 것들, 아이가 계획하고 결정할 수 있는 것들의 관리권과 재량권을 아이에 넘겨주는 작업을 할 것입니다.

아이에게 스스로 책임지고, 계획하고, 실패하고, 성공하는 즐거움의 기회를 주려고 노력할 것입니다. 그것이 곧 자녀를 위한 가장 현명하고 합리적인 경제 교육임을 잘 알고 있기 때문입니다.

그런가 하면 상거래에 있어서도 유태인들의 합리성을 엿볼 수 있습니다. 유태인들끼리도 가끔 상거래의 시비를 가려야 하는 일이 생기곤 합니다. 이럴 때 랍비를 찾아가서 판정을 구합니다.

유태인 비즈니스맨들에게 있어서 랍비의 판정은 곧 신의 판정이기에 절대 복종만이 있을 뿐입니다. 만일 랍비의 판정에 불만을 품고 이에 따르지 않을 경우에는 유태 사회에서 추방을 당하게 됩니다.

이는 예부터 분쟁이 생겼을 때 기독교도의 재판소를 사용할 수 없었던 유태인들의 전통에서 생긴 생활의 지혜입니다.

또한, 상대편의 마음이 변할 때까지 끈기 있게 참을 수 있는 유태인들이지만, 사업에 있어서는 수지타산이 맞지 않는다는 판단이 설 경우에 반년도 기다리지 않습니다. 유태인이 어떤 회사에 자금과 노동력을 투입할 때는 한 달 단위로 3개월의 밑그림을 준비합니다.

만일 한 달 뒤, 계획과 현실의 실적이 거리가 있어도 유태인은 불안과 동요 없이 더 많은 자금과 노력을 투입합니다. 2개월이 지나 역시 같은 실적을 보여도 마찬가지입니다.

그러나 3개월째에는 얘기가 전혀 달라집니다. 그때까지도 자신의 밑그림대로 사업이 진행되지 않았는데 가까운 시일 안에 대반전의 기회가 오지 않는 이상, 조금의 미련도 없이 그 사업에서 손을 뗍니다.

3개월이 된 시점에서의 단념이란 것은 그때까지의 투입 자금과 인적 노력 전부를 포기하는 것을 의미합니다. 그러나 유태인은 태연자약할 뿐입니다. 아니 오히려 적당한 시기에 손을 뗌으로써 두고두고 골치를 썩일 일이 없어졌다는 사실에 대해서 무척 만족스러워하기까지 합니다.

대부분의 유태인 사업가들은 최악의 경우까지를 미리 생각해서 3개월 동안에 투입할 자금을 처음부터 준비해 둡니다. 그리고 그 범위 내에서 할 수 있는 모든 노력을 다해서 승부수를 던졌던 것이기에 실패에 대해서 더 이상의 후회를 하지 않습니다.

이 역시 유태인들의 합리성이 아니고서는 흉내 낼 수 없는 냉철한 판단력이라 하겠습니다.

| 실생활에 적용하는 경제 교육 |
대가성 용돈은 금물!

아이에게 성적이 많이 오르면 돈을 주겠다고 하거나, 함께 시장에 갔을 때 얌전히 있으면 과자를 사주겠다고 약속하는 부모를 볼 수 있습니다. 하지만 이런 약속은 보상이 아니라 아이에게 주는 일종의 뇌물이라고 봐야 맞습니다. 부모가 아이에게 돈으로 보상을 하는 경우에는 그것이 뇌물의 성격을 갖지 않도록 주의해야 합니다.

이처럼 아이에게 돈을 보상으로 내걸기보다는 아이에게 학업에서의 분발을 격려하고, 시장처럼 사람이 많이 모인 곳에 가면 어떻게 행동해야 하는지를 가르치는 것이 먼저입니다.

그런 다음에 아이의 성적이 월등히 올랐다거나 시장에서 얌전히 행동하면서 짐을 들어주는 등 엄마를 도와주었을 때, 아이의 그런 행동에 대해서 부모가 자랑스러워하고 있다는 것을 표시하는 것이 좋습니다. 그리고 부수적으로 용돈을 주거나 과자를 사주는 것이 바람직합니다. 그랬을 때라야 부모가 주는 용돈이나 과자가 뇌물이나 아이의 행동에 대한 직접적인 보상이 아닐 수 있는 것입니다. 부모의 마음의 표시이기 때문입니다.

그리고 아이가 항상 그런 종류의 보상을 기대하지 않도록 교육하는 것도 중요합니다. 따라서 가끔씩은 단지 아이를 껴안아주는 것이나 부모의 기쁨을 표시하는 것만으로 대신하는 경우도 필요합니다.

보상으로 준 용돈에 대해서도 제재가 필요합니다. 아이가 사고 싶어 하는 것을 당장 사게 하거나, 군것질 같은 의미 없는 곳에 쓰게 해서는 안 됩니다. 그보다는 저금을 하도록 가르쳐야 합니다. 물론 이 경우에는 아이에게 다음과 같은 목표를 설정해 주는 것도 필요합니다.

"이렇게 네가 엄마를 기쁘게 해주었을 때 엄마가 준 돈은, 네가 대학을 들어가서 유럽 여행을 갈 때 쓸 수 있도록 저금하는 것이 어떨까?"

"네가 대견한 일을 할 때마다 엄마 아빠가 주는 돈은, 은행에 모아두었다가 네가 대학을 갈 때 등록금으로 쓰면 멋지지 않겠니?"

아이가 돈을 보상으로 받는 경우에도 이처럼 그 돈을 당장 쓸 수 없게 하고, 대신 저축하는 습관을 길러준다면 돈을 보상으로 주는 데 따른 부정적인 영향을 미리 막을 수 있습니다.

🏛 … 자선과 선행을 가르치는 것도 경제 교육이다

　방송사에서 성금을 모금할 때면 언제나 뉴스가 끝날 때쯤 성금을 낸 사람들의 이름을 읽어주는 것을 볼 수 있습니다. 그렇게 해야 사람들이 성금을 더 잘 낸다는 말이 있을 정도입니다.

　그런가 하면 간혹 사찰들의 돌계단 머릿돌이나 석등, 문화 공원 등의 커다란 비석 뒷면을 보면, 앞면의 취지문이나 헌장보다 더 길게 쓰인 이름들을 볼 수 있습니다.

　때로는 사회단체나 시민단체에서 보내오는 뉴스 레터에서조차도 후원금을 낸 사람들의 이름과 더불어 괄호 속에 적힌 금액들을 봐야 하는 일도 있습니다. 가끔은 이런 모습들을 보면서 각종 단체들이 살아남기 위한 안간힘을 쓰고 있는 것으로 느껴져 슬퍼지기까지 합니다.

　이처럼 씁쓸한 느낌을 갖게 하는 문화 아닌 문화를 아이들이 물려받지 않도록 해야 합니다.

　사실 우리나라 사람들은 예부터 이웃과 함께 기쁨과 슬픔을 함께 나누고, 나보다 어려운 사람들을 그냥 보아 넘기지 못하는 착한 마음씨를 가지고 있었습니다. 하지만 산업화와 더불어 우리들은 이웃에게 무관심해졌고 서로를 경쟁의 상대로만 여기기 시작했습니다.

　이러한 세태는 부모들이 자녀들에게 자아 존중감을 심어주지 못함으로써 나를 사랑하지 못하고, 동시에 남을 사랑할 줄도 모르는 아이로 키우는 교육과 무관하지 않을 것입니다.

　선행이나 자선, 혹은 친절에 대한 미덕과 가치관은 대개 어렸을 때 형성됩니다. 따라서 가정에서 부모가, 아이들이 어렸을 때부터 원만한 공동체 생활의 지혜를 제대로 교육하지 못하면, 아이들은 다른 사람을 위한 참다운 선행과 자선이 무엇인지를 모르고 자라게 됩니다.

　그런데 유태인들은 버스 안에서 노약자에게 자리를 양보하는 것쯤은 자선이 아니라 당연한 행동이라고 생각합니다. 그리고 남에게 선물하기를 좋아하는 그들의 관습 역시 선심의 차원이 아니라 남에게 베푸는 것을 당연하게 생각하는 가치관에서 비롯됩니다.

　그리고 유태인들은 아이가 공부를 잘했다거나 간단한 집안일을 도왔을 때 가급적 그 대가로 돈을 주지 않는데, 이는 아이들이 자신이 하는 모든 일에 대해서 보상을 기대하는 심리를 예방하기 위함입니다. 그렇지 않으면 아이들은 대가가 있는 일만을 골라서 하려는 좋지 않은 버릇을 들이게 될 수도 있습니다.

유태인 아이들은 집에서 저녁 상차림을 돕는다든가, 자기 방을 치우고 거실을 정리하는 것 등은 가족의 일원으로서 어떤 대가 없이 해야 할 일이라고 생각합니다. 마찬가지로 성금이나 후원금을 내는 것에 대해서도 사회의 일원으로서 사회 구성원 모두를 위해 당연히 해야 하는 몫이라고 생각합니다.

유태인들은 자신의 이름을 알리기 위해서 성금을 내는 것은 정말로 다른 사람을 돕는 일이 아니라고 믿습니다. 참된 자선과 선행은 이름이 드러나지 않는 일에도 다른 사람의 행복을 위한 일에 참여하는 것이라고 생각합니다.

유태인 부모는 자녀가 다른 사람들과 나누는 삶을 살기를 원합니다. 그렇기 때문에 아이가 성금을 낼 때 자신을 나타내기 위해서가 아니라, 사회의 일원으로서 진정으로 자신보다 경제적으로 부족한 사람들을 도우려는 마음에서 행하도록 가르치는 것을 중요시합니다. 그리고 자신의 이름을 사양하는 태도를 가질 수 있도록 교육합니다.

이처럼 유태인 부모들과 그 아이들이 가르치고 배우는 자선에 대한 실천에서도 알 수 있듯이, 다른 사람을 돕는 것은 동시에 함께 사는 사회에서 자기 자신을 돕는 방법임을 아이에게 알려주어야 합니다. 선한 행동 그 자체에서 즐거움을 느끼고, 기꺼이 실천할 수 있도록 이끌어주는 것이 부모의 역할입니다.

그런데 우리는 흔히 사람들이 다음과 같이 말하는 것을 자주 들을 수 있습니다.

"내가 돈이 있다면 다른 사람들을 도우면서 멋지게 살 텐데, 지금은 돈이 없어서."

"돈이 있으면 왜 안 도와주겠어? 그렇지만 지금은 먹고 살기도 바빠서 말이야."

하지만 이런 말을 하는 사람 가운데에서 평생 다른 사람을 도울 수 있는 돈을 갖게 되는 사람은 절대로 없을 것입니다.

자신보다 경제적 사정이 어려운 사람을 위해서 돈을 낼 수 있으려면, 자신의 용돈 항목에 있는 소비 항목과 저축 항목처럼 자선이나 선행을 위한 돈을 항목화하는 것이 가장 바람직한 방법이라고 할 수 있습니다.

이처럼 나눔을 생활화할 수 있는 아이로 교육해 나가는 것 또한 바람직한 경제 교육의 한 방법일 것입니다.

자녀의 보다 나은 미래를 생각한다면 남보다 나은 대학이나 직장을 들어가게 하는 것보다는 어릴 때부터 공동체와 개인의 올바른 관계에 대해, 그리고 사회의 그늘진 곳에서 어려움에 처해 있는 이웃에게 눈을 돌리고 손을 내밀 줄 아는 착한 마음에 대해서 가르치는 게 올바른 경제 교육이라 하겠습니다.

| 실생활에 적용하는 경제 교육 |

아이에게 나눔을 가르쳐라

　아이에게 올바른 소비 태도를 길러주기 위해서는 서로 나눠 쓰고 바꿔 쓰는 법을 가르쳐야 합니다. 또한, 물건의 쓸모를 최대한 활용하는 것이 가장 경제적이며, 돈을 가장 적절히 이용하는 방법이라고 가르쳐야 합니다.

　그리고 이를 실제로 가르치기 위해서는 먼저 도서관에 가서 책을 빌리고 반납하는 과정을 경험하게 하거나, 가까운 친척이나 이웃들의 책이나 장난감 등을 빌려 쓰거나 바꿔 쓰는 경험을 할 수 있게 해주는 것이 좋습니다. 그럼으로써 물건이 어떻게 더 사용될 수 있는지, 공공의 물건을 사용해서도 만족을 느낄 수 있는지를 체험하게 해주는 것입니다.

　이렇게 물려 쓰기, 바꿔 쓰기 등의 방법으로 물건을 서로 공유하다 보면 새것을 사는 데 들어갈 돈으로 다른 만족을 취할 수 있다는 것을 알게 됩니다. 이런 과정을 통해서 물건의 가치가 자신에게 필요 없어지거나 싫증이 남으로써 완전히 없어지는 것이 아니라, 그것을 필요로 하는 다른 사람이 있는 한 계속된다는 것을 아이가 이해할 수 있습니다. 이러한 자원의 효율성을 인식한 아이는 자신의 물건을 보다 아끼고 소중하게 다루는 태도를 갖게 됩니다.

사실 물건을 '소비한다'는 말 속에는 '소유한다'와 '사용한다'는 두 가지 의미가 함께 담겨 있습니다. 우리가 사용하는 물건들, 즉 옷과 학용품이나 가구 등의 거의 대부분은 사용을 위해서 소유하는 것들입니다.

부모가 아이에게 '물건은 사용 목적을 충족시킬 때 가장 가치가 높아진다'는 것을 가르칠 수 있어야 합니다. 즉, 새것이기 때문에 가치가 있는 것이 아니라 쓸모가 있기 때문에 가치가 있다는 것을 말입니다.

10여 년 전만 하더라도 이웃, 친척, 형제들 사이의 바꿔 쓰기나 물려 쓰기 등은 보편적인 경제생활의 한 부분이었습니다. 그러나 과거와 달리 요즘은 물질적 풍요와 핵가족화, 그리고 적은 자녀 수 등으로 인해서 아이들에게 '새것에 대한 소유'라는 소비 태도만을 갖게 하고 말았습니다.

그러나 아직까지도 재활용이나 바꿔 쓰기, 물려 쓰기 등은 효율적이고 경제적인 소비 생활을 위해서는 기본적인 것이라고 할 수 있습니다.

그런 만큼 학교에서, 유치원에서, 아파트 단지 내에서, 또는 이웃이나 친척끼리 아이들의 물건을 가지고 장터를 마련해 주면 어떨까요? 아이들이 자신의 물건을 내놓고 스스로 값을 정해 사고팔면서 물건의 소중함을 알아갈 수 있다면 경제 교육으로도 손색이 없을 것입니다.

🏛 ⋯ 흥정은 경제 활동의 기본이다

"이 옷 얼마예요?"

"만 원입니다."

"뭐가 그렇게 비싸요? 5천 원에 주세요."

"그렇게는 안 돼요. 이거 팔아서 얼마나 남는다고 그래요."

"에누리 없는 장사가 어딨어요?"

"그렇다고 반이나 깎는 사람이 어딨습니까? 9천 원에 사세요."

"너무 비싸요. 다른 가게에서는 다 그렇게 파는데."

"그렇게 파는 데가 어디 있어요. 어느 집이요? 나 좀 가르쳐줘요. 나도 가서 물건 좀 사오게."

"글쎄 있다니까 그러네. 5천 원에 줘요."

우리나라 사람들은 흥정에 일가견이 있습니다. 특히, 우리 어머니들은 시장에서 콩나물을 하나 사더라도 단돈 백 원이라도 깎아야 손해 보지 않았다고 생각할 정도입니다.

언젠가 TV프로그램 중에서 아이들에게 설문 조사를 한 적이 있었습니다. 엄마랑 같이 있을 때 언제 가장 창피한지 알아보았는데, 큰소리 내서 싸울 때와 물건 값 깎을 때라고 했습니다.

아이들은 무턱대고 값을 깎는 엄마를 옆에서 보면 이해가 가지 않나 봅니다. 어머니들은 시장에서 야채를 사거나 물건을 살 때는 어떻게 해서든 백 원이라도 더 깎을까 실랑이를 벌입니다. 그런데 정작 중요한 순간에는 꿀먹은 벙어리가 되고 맙니다. 상대가 자신보다 강하게 느껴질수록 그런 경우가 많은데 진짜 흥정을 잘하는 사람은 이럴 때 진가를 발휘합니다.

유태인에게도 흥정은 매우 친숙한 행위이며, 이는 그들의 조상인 아브라함 때부터 시작되었습니다.

구약 시대 소돔과 고모라에 사는 인간들이 신과의 계약을 어기고 타락하자 이를 본 하나님은 크게 노했습니다. 그리고 그들을 멸망시키려고 하자 아브라함은 하나님과 수차례 흥정을 하게 됩니다.

"주여, 소돔과 고모라에 아무 죄가 없는 착한 사람들이 50명만 있다면 그래도 멸하시겠습니까? 그 착한 50명을 보고 인간들을 용서해 주시지 않으시겠습니까?"

아브라함의 말을 들은 하나님은 50명의 착한 사람들로 인해 멸하지 않겠다고 약속합니다.

"그렇다면 45명이 있어도 이 성을 멸하시겠습니까?
"거기서 45명을 찾으면 멸하지 아니하리라."
다시 아브라함은 이렇게 말합니다.
"40명을 찾으시면 어찌하시겠습니까?"
"40명으로 인하여 멸하지 아니하리라."
"30명을 찾으시면 어찌 하시겠습니까?"
"내가 거기서 30명을 찾으면 멸하지 아니하리라."
"거기서 20명을 찾으시면 어찌하시겠습니까?"
"20명으로 인하여 멸하지 아니하리라."
"거기서 10명을 찾으시면 어찌하시겠습니까?"
"10명으로 인하여 멸하지 아니하리라."

그러나 안타깝게도 10명이 되지 않아 소돔과 고모라는 멸망하고 맙니다.

아브라함이 신과 흥정하는 것에서 볼 수 있듯이 유태인들은 흥정을 잘하기로 소문난 민족입니다. 노하신 하나님이 소돔과 고모라를 멸망시키려고 하는 급박한 상황에서도 흥정을 하니 말입니다. 그들은 아브라함처럼 어떠한 상대를 만나든지, 어떠한 상황에서든지 흥정을 할 수 있는 여유와 자신감을 가지고 있습니다.

"엄마, 오늘은 학교에서 벼룩시장이 열리는 날이에요."

"그래. 내다 팔 물건들은 다 챙겼니?"

"그럼요. 가격까지 다 정했는걸요? 작아져서 못 신는 부츠는 20세겔 shekel, 이스라엘의 화폐 단위 정도 받을 거예요. 근데, 흥정을 하다 보면 그보다 적어질 수도 있고 더 많아질 수도 있어요. 돈이 얼마 없는 아이거나 흥정을 잘하는 아이라면 10세겔로 내려갈 수도 있고요, 그렇지 않으면 20세겔을 다 받거나 더 높여서 받을 수도 있어요."

"그래. 항상 흥정할 수 있는 여지를 남겨두는 것은 좋은 것이지. 〈탈무드〉나 〈토라〉를 보면 사람들이 흥정하는 것을 볼 수 있단다. 흥정은 나쁜 것이 아니지만 흥정을 할 때는 몇 가지 원칙이 있단다."

"원칙이요? 그게 뭔데요?"

"첫째, 돈이 없는 사람에게는 비싸게 받지 않는다. 둘째, 흥정은 할수록 가격이 낮아지기 때문에 처음부터 너무 낮은 가격을 부르지 않는다. 셋째, 흥정을 할 때는 최대한 논리적으로 한다. 오늘 벼룩시장에 가면 네가 얼마나 흥정을 잘하는지 스스로 판단해 보렴."

"걱정 마세요. 전 자신 있으니까요."

흥정이란 단순히 물건 값을 깎기 위한 수단이 아니라 이해관계가 서로 대립되는 상황에서 이를 해결하는 커뮤니케이션입니다. 어릴 때부터 흥정하는 법을 익히고 경험한 아이들은 경제 활동의 주체가 되었을 때 이를 유용하게 활용할 수 있게 됩니다.

| 실생활에 적용하는 경제 교육 |

물건 제대로 사기

"싸다고 한 박스나 샀는데, 다 썩어 버렸네."

"왜 그러세요?"

"지난번에 할인마트에서 잔뜩 산 야채를 못 먹게 됐어. 아무래도 너무 많이 샀나 보다."

"나보고는 학용품 좀 다 쓰고 사라면서 엄마도 똑같네요."

　싸다고 많이 샀다가 결국에는 버린 음식, 꼭 필요하지 않은 물건인데 샀다가 자리만 차지하고 있는 물건들, 누구나 한 번쯤은 경험해 봤을 것입니다. 최근에는 홈쇼핑이다 인터넷 쇼핑이다 해서 그런 경우가 더 많아졌습니다.

세일이거나 사은품에 혹해서 계획하지 않은 물건을 구입하는 것은 오히려 몇 배의 손실을 가져옵니다. 그리고 이러한 부모의 소비 습관은 아이에게 커다란 영향을 주게 됩니다. 따라서 아이에게 물건을 제대로 사는 방법을 가르쳐주어야 합니다.

"못 보던 샤프네?"
"원래는 2천 원짜리인데 오늘은 천 원에 팔아서 샀어요."
"그래도 원래 쓰던 샤프도 있는데."
"이게 얼마나 이익인데, 천 원이나 싸게 샀어요."
"아무리 천 원이나 싸게 샀더라도, 당장 꼭 필요한 것이 아니면 사지 않는 편이 훨씬 이익이야. 무조건 싸다고 많이 사거나 필요 없는 물건을 사는 것은 낭비란다. 물건을 살 때는 아무리 싸더라도 계획하지 않은 물건은 사지 않도록 하렴. 알았지?"
"네."

이렇게 교육을 받은 아이는 단순히 눈으로 보이는 돈의 가치뿐만 아니라 보이지 않는 경제 흐름을 읽을 수 있는 눈이 길러지게 됩니다.

메모 습관은 경제 생활을 뒷받침한다

사람의 기억력은 한계를 가지고 있습니다. 특히, 일상생활 속에서 일어나는 수많은 일들 가운데에서 사소한 것일수록 잊어버리거나 놓치는 일이 많은데, 대수롭지 않게 생각했던 그 사소한 일들이 가끔은 시간적으로나 금전적으로 손해를 보게 하는 경우가 생깁니다.

"우리 아들, 어딜 그렇게 급하게 갔다 오니?"
"친구 집에요."
"뭐하러?"
"아까 학교에서 선생님이 내일 시험 볼 범위를 불러주셨는데, 적어놓질 않았더니 도무지 기억이 안 나서요."
"그래서 그렇게 헐레벌떡 다녀오는 거니, 이 저녁에?"

"그럼 어떻게 해요. 당장 내일이 시험인데."

"그러니까 평소에 메모하는 버릇을 길러야지. 친구 집에 왔다 갔다 하는 동안 공부를 했으면 내일 시험 걱정 안 해도 되겠네."

"엄마는 안 그랬나요, 뭐?"

"엄마가 뭘?"

"저번에 백화점 갈 때 메모하지 않고 가서 필요 없는 물건들까지 잔뜩 사 가지고 왔잖아요?"

"아니 그렇게 기억력이 좋은 녀석이 그래 시험 범위 하나 기억을 못하니?"

이런 경우가 생기지 않도록 하려면 메모만큼 좋은 것이 없습니다. 하지만 아이들에게 메모 남기는 습관을 길러주는 게 생각만큼 쉽지는 않습니다.

메모하는 것을 가르치는 데 있어서 가장 좋은 방법은, 우선 부모가 자녀에게 필기도구를 마련해 주는 것입니다. 아이들은 언어를 왕성하게 배우기 시작하면서부터 늘 무엇인가를 말하고 싶어 하고, 종이와 연필만 있으면 적고 싶어 합니다. 따라서 자녀에게 필기도구를 가지고 다니는 습관을 길러주는 것이 좋습니다.

물론 그렇다고 해서 특별한 메모용 수첩을 항상 들고 다니게 할 수는 없습니다. 그렇기 때문에 자기가 가지고 있는 것이나 주변의 사물을 활용해 메모할 수 있는 방법과 아이디어를 가르쳐주는 것이 가장 바람직합니다.

　메모 습관을 아이에게 길러주는 데는 주변에 돌아다니는 못 쓰는 종이나 물건 등 무엇이든지 상관이 없습니다. 아무리 사소한 것이라도 기억해 둘 필요가 있는 것은 어떻게든 적을 수 있도록 가르쳐야 합니다.

　유태인들을 예로 들면, 그들은 담배를 사면 그 내용물들을 담배 케이스에 담은 다음에 빈 담뱃갑 종이를 펴서 잘 가지고 다닙니다. 이는 메모지가 없을 경우에 빈 담뱃갑을 메모지로 활용하기 위해서입니다.

　이처럼 유태인들은 도구나 장소에 제한을 받지 않고, 중요한 내용이다 싶으면 반드시 메모를 남기는 습관을 가지고 있습니다. 특히, 유태인 부모들은 자녀에게 어릴 때부터 금전 출납부를 기록하는 습관을 갖게 하는데, 이는 가장 직접적인 경제생활의 기초라고 하겠습니다.

　유태인들의 메모 습관은 그들의 기억력과 판단력을 한층 향상시켜 주며, 상거래를 비롯한 많은 대인 관계에서 생길 수 있는 애매한 일들을 사전에 막아주는 역할을 합니다.

　신속하고 정확한 판단을 내리기 위해서는 일시, 금액, 장소, 내용 등에 있어서 착오가 생기면 안 되는데, 유태인들은 철저한 메모 습관 덕분에 그런 실수를 현저히 줄일 수 있었습니다. 그런 만큼 유태인들에게 다음과 같은 변명은 절대로 통하질 않습니다.

"납품 기일이 언제까지였더라?"
"아, 저희가 납품 일자를 잘못 알고 있었습니다."

또한, 유태인들은 임시로 메모한 것들을 반드시 다른 정식 메모장에 정성껏 옮겨 적는 것이 습관화되어 있습니다.

물론 이를 자녀들에게 가르치는 데도 철저합니다. 아무리 열심히 메모했어도 이를 정성껏 정리해 쉽게 알아볼 수 있게 관리하지 않는다면, 아무렇게나 적은 메모들이 혼동을 주는 경우가 생길 수 있습니다. 이로 인한 판단 착오나 실수를 만회하는 데는 적지 않은 비용과 시간이 필요해지는 경우가 많습니다.

그런가 하면 유태인 부모들은 중·고등학교에 다니는 자녀에게 사진기나 휴대용 비디오카메라 등을 사용할 수 있게 해주기도 합니다. 이 역시 메모하고 기록하는 습관을 기르게 하는 데 효과가 크기 때문입니다.

여행할 때나 집안의 중요한 행사가 있을 때 사진기나 비디오카메라로 촬영해 기록하고 정리하는 습관 역시 메모 습관의 확대된 개념이라 할 수 있습니다. 특히, 이러한 습관은 한 가족의 삶과 역사에 대한 기록으로서의 가치를 지니기도 합니다.

간혹 우리나라를 처음 방문했다고 말하는 유태인 사업가들이, 우리나라와 국민의 생활에 대해 자세히 알고 있는 경우를 보게 됩니다. 이런 경우 대부분은 그들의 부모가 우리나라에 여러 차례 다녀갔거나 오래 머물렀던 적이 있어서일 때가 많습니다. 즉, 그들은 자신들의 부모를 통해서 우리나라에 관한 필름이나 영상 기록을 입수할 수 있었던 것입니다. 그리고 그 영상물들을 몇 번이고 보았기 때문입니다. 이 또한 우리나라를 사업상 방문한 그들에게는 적지 않은 시간과 비용의 절약을 가져다줄 것입니다.

　이처럼 일상생활 속에서 메모하는 습관을 자녀에게 길러주는 것은, 경제적 생활을 영위할 수 있는 토대를 마련해 주는 것이라 할 수 있습니다.

| 실생활에 적용하는 경제 교육 |
용돈을 함부로 쓰는 아이에게

아이에게 용돈을 주는 것은 아이가 성숙한 경제인으로 성장해 주기를 바라는 교육의 과정이라고 할 수 있습니다. 하지만 아이가 이 과정에서 모든 것을 배울 것이라고 기대해서는 안 됩니다. 또한, 잘하는 것과 못하는 것 모두를 배울 수 있다는 사실을 이해해야 합니다.

특히, 아이들 가운데에는 용돈을 준 지 며칠도 안 지나서 다시 용돈을 달라고 하는 경우가 있는데, 이런 아이들의 경우에는 용돈의 사용처를 물으면 기억을 못하거나 꼭 필요하지 않는 사용처를 대는 경우가 많습니다.

이런 아이들에게는 다음과 같은 교육이 효과를 거둘 수 있습니다.

먼저, 엄마가 아이에게 줄 용돈의 액수를 적어주고, 아이에게는 그 돈으로 하고 싶은 것과 해야 하는 것을 모두 적게끔 합니다.

그런 다음, 일주일이 지났을 때 아이에게 이 두 항목에 용돈을 각각 얼마씩 썼는지 적어 보게 하고, 그 결과 용돈이 얼마나 남았는지 계산하게 합니다. 이렇게 함으로써 자신의 용돈이 얼마나 남았으며, 앞으로 그 돈을 얼마 동안 사용해야 한다는 것을 알게 됩니다.

다시 일주일이 지난 다음, 지난번에 적어두었던 종이에 그 항목들에 대한 계산을 다시 하게 해보면, 첫 번째 기간보다 규모 있게 용돈을 사용하고 있다는 사실을 알 수 있습니다.

이런 과정을 통해서 아이는 다음과 같은 사실을 배울 수 있습니다.

첫째는 원하는 것을 모두 할 수 없기 때문에 계획을 세워야 한다는 것이고, 둘째는 자신이 원하는 어떤 것을 하기 위해서 다른 하나를 포기해야 할 뿐 아니라 얼마 동안을 기다려야 한다는 것까지 알게 됩니다.

또한, 부모의 경우에는 이와 같은 교육 과정 속에서 아이의 소비 생활에 맞는 용돈 액수를 알 수 있으며, 용돈을 주는 방법을 결정할 수 있습니다.

신은
언제 어디서나 존재하는 것이 아니다.
그래서 신은
어머니를 만드셨다.

5

부와 성공을 이룬 유태인들

모험과 도전으로 석유 왕국을 이룬
마커스 새뮤얼

하얗게 빛나는 조개껍질 마크를 보신 적이 있습니까? 원유 탐사와 채굴, 석유 제품 생산, 가스, 석탄, 화학, 대체 에너지 개발 등 세계 에너지 사업 분야에서 활약하며 세계적으로 확고한 기반을 가지고 있는 '로열더치셸' 그룹의 상징입니다.

로열더치셸은 8.4%에 달하는 세계 시장 점유율을 기록할 정도의 윤활유 회사를 가지고 있을 뿐만 아니라, 천연가스를 액화해 대규모로 장거리 수송하는 사업 영역을 최초로 창출했습니다. 현재도 액화천연가스(LNG)를 주요 에너지원이자 투자 대상으로 삼고 있습니다. 또한, 세계 각국에서 원유 공장 등을 운영하고 있는데 그 직원이 9만 6천여 명에 이릅니다.

이렇게 엄청난 회사의 창업자 마커스 새뮤얼은 1853년 런던에서 가난한 집안의 11형제 가운데에서 열 번째로 태어났습니다. 그의 아버지는 손수레를 끌고 런던 뒷골목을 다니며 잡화를 파는 유태인 행상이었습니다. 때문에 마커스 새뮤얼의 집안 형편은 늘 어렵고 힘들었습니다.

하지만 마커스 새뮤얼의 아버지는 평소 어린 자녀들을 모아 놓고 이런 말을 자주 했습니다.

"너희들이 보고 싶을 때 언제나 볼 수 있는 것, 또는 주변에서 누구나 볼 수 있는 것을 너무 믿지 말거라. 그래서는 남과 다르게 살 수 없단다. 남과 다르게 살아야만 너희는 성공할 수 있을 거야."

"아빠, 그럼 뭘 보아야 하나요?"

"뭘 믿어야 하는 거죠?"

"남과 다르게 사는 게 어떤 건가요?"

그의 아버지는 이렇게 11명의 형제들이 질문 공세를 퍼부을 때마다 한 번도 건성으로 대답하지 않고 진지하게 대답해 주었습니다.

"남들이 잘 알아보지 못하고 알아듣지 못하는 것들에 관심을 가지고 모든 감각을 집중시키는 거란다."

"근데 아빠, 다른 사람들이 보고 듣지 못하는 것을 어떻게 저희들만이 보고 들을 수 있나요?"

"꿈을 가져야 한단다. 그리고 그 꿈을 위해서 모험을 할 줄 알아야 한다. 그것은 결국 너희들이 얼마나 세상과 사람들을, 그리고 자기 자신을 사랑할 수 있느냐 하는 문제와도 직결된단다. 세상을 사랑할 수 있는 사람만이 성공할 수 있는 자격을 부여받을 수 있다."

이처럼 마커스의 아버지는 평소 아이들에게 세상에 대한 애정과 꿈을 강조했습니다.

유태인 학교에 다니고 있는 마커스가 열아홉 살이었던 어느 날, 아버지는 마커스를 불러 앉히더니 갑자기 배표를 내밀었습니다.

"마커스야, 이걸 받으렴."
"아버지, 이게 뭐예요?"
"이것은 얼마 안 되는 아버지의 전체 수입 일부를 털어서 산 아시아행 배표란다."
"갑자기 아시아행 배표는 왜 제게 주시는 거죠?"
"지금부터 내가 하는 말을 잘 들어야 한다. 아빠가 준 이 배표는 고작 삼등칸을 이용할 수 있는 정도밖에는 안 된다. 미안하구나. 하지만 즐거운 여행이 되리라고 생각한다."
"아시아 여행이라뇨?"
"지금 우리 가정 형편은 몹시 어렵단다. 그런데 이곳 런던에서 새로운 가능성을 찾는다는 것은 너무 어려운 일인 듯하구나. 그러니 네가 우리 가족의 대표가 되었다고 생각하고, 아직 가보지 못한 나라를 여행하면서 새로운 가능성과 희망을 찾길 바란다."

"전 생각만 해도 벌써 두려움이 앞서요."

"얘 마커스야, 지금 익숙한 모든 것에 너무 얽매이지 말거라. 이 시점에서 우리 가족이 살아남을 수 있는 길은 이것밖에는 없단다. 네가 새로운 모험과 도전을 통해서 우리 가족에게 희망을 전해 주는 것 말이다."

"새로운 세계에 가서 제가 할 수 있는 게 있을까요?"

"물론이지. 넌 똑똑하고, 꿈이 있는 아이잖니. 넌 모험하는 것을 좋아하니까 반드시 새로운 일을 찾을 수 있을 거야."

"아버지 말씀대로 한번 해볼게요."

"고맙다, 마커스. 그리고 네가 어디를 가든 절대로 잊어서는 안 되는 게 있단다. 먼저 매주 금요일 안식일 전에 반드시 네 어머니에게 편지를 써야 한다. 그리고 내가 이미 늙은 데다 열 명의 형제자매가 있으니, 가족에게 장차 도움이 될 수 있는 장사거리를 찾아보아야 한다."

"잘 알겠어요, 아버지. 아버지 말씀대로 반드시 우리 가족에게 도움이 될 만한 일을 찾아보겠어요."

"그래. 넌 장차 훌륭한 사람이 될 거야. 이 아빠는 믿는다. 마커스, 널 많이 사랑한다. 몸조심해라."

"저도 사랑해요."

이렇게 해서 마커스는 겨우 열아홉 살의 나이로 혼자서 아시아행 배에 오르게 됩니다. 배는 인도와 싱가포르, 필리핀, 태국, 홍콩, 중국 등을 거쳐 일본의 요코하마에 도착했습니다.

이국에서 온 19세 소년 마커스에게는 일본이라는 나라는 낯설기만 했습니다. 이곳에서는 의지할 가족이나 친구도, 돈을 빌릴 수 있는 신용도 없었습니다. 마커스는 하루하루가 외롭고 불안했습니다.

하지만 마커스는 런던을 떠나기 전에 아버지가 하신 말씀을 떠올리며 절대로 희망을 잃지 않기로 다짐하고 또 다짐했습니다.

'이곳에서 반드시 뭔가 기회를 잡을 수 있을 거야. 기다리고 있는 가족들을 생각해서라도 용기를 내자. 온 가족의 희생이 없었다면 이곳에 올 수도 없었다.'

그러던 어느 날 요코하마를 정처 없이 돌아다니던 마커스는 눈이 번쩍 뜨이는 느낌을 받았습니다. 쇼난이라는 바닷가의 해변에서 조개를 채집하고 있던 어부들의 모습 때문이었습니다. 그들은 조개의 내용물만 식용으로 가져갈 뿐 껍질은 그대로 버려두고 있었던 것입니다. 마커스의 머릿속에 '번쩍' 하고 스치는 아이디어가 있었습니다.

마커스는 조개껍질을 수집하여 문이나 책상을 장식할 수 있도록 이름을 새겨 넣거나, 여러 가지 아름다운 조개를 입힌 세공품과 당시 일본의 민속품을 모방한 작은 상자 등을 만들었습니다. 그리고 이것들을 런던의 아버지에게 보냈고, 그의 아버지는 아들이 보내준 물건들을 손수레에 싣고 다니며 직접 팔았습니다.

결국 동양에서 보내진 이 상품들은 런던에서 크게 인기를 끌었고, 마커스의 아버지는 수입 상품을 파는 작은 가게를 열 수 있었습니다. 그리고 그 가게는 금세 대형 전문점으로 성장할 수 있었습니다.

하지만 어느새 마커스는, 일본의 잡화를 영국에 수출하는 것 외에 또 한번의 도약을 위한 영감과 아이디어에 사로잡혀 있었습니다.

"지금의 사업은 한계에 왔다. 전혀 새로운 분야에서 더 큰 가능성을 찾아야 한다. 지금 미국에선 록펠러가 석유 사업에 투신했고, 러시아 역시 자국 내 유전 개발에 열을 올리고 있지 않은가. 바야흐로 석유 시대의 막이 오르고 있는 것이다."

당시 중국과 일본은 난방 연료로 목탄을 사용하고 있었습니다. 마커스는 일본과 중국에 경유와 등유를 조명 및 난방용 연료로 판매할 생각을 하고 있었습니다. 그런데 그 시대에 석유를 운반하는 데는 기껏해야 5갤런용 드럼통을 사용하는 것이 전부였기에, 대부분의 선주들은 번거로움과 배가 더러워진다는 것을 이유로 석유 운반을 꺼렸습니다.

마커스는 이 문제를 해결하지 않고는 석유 사업에서 성공할 수 없다는 것을 알았습니다. 그 문제의 해결을 위한 마커스의 진지한 고민과 노력은 이번에도 번뜩이는 아이디어의 구현으로 나타났습니다. 배 전체가 하나의 떠 있는 유조(油槽)가 되는 석유 운반 전용선의 착안이 그것이었습니다. 이것이 바로 세계 최초의 유조선이었습니다.

최초의 유조선이 완성되자 마커스는 청년 시절 요코하마 해변에서 조개를 줍던 시절을 기념하고 잊지 않기 위해 '뮤렉스(뿔고동)'라는 이름을 붙였습니다. 마커스의 유조선은 각계의 우려와 비웃음을 불식시키며 별다른 사고 없이 기름을 가득 싣고 세계를 누볐습니다.

　석유로 마커스가 기대 이상의 성공을 거둔 데는 시대가 석유를 필요로 했던 때문이기도 하지만 그보다 중요한 것은, 어린 시절 경제관념을 심어준 부모님의 선견지명과 현명한 자녀 교육 때문이었습니다. 그랬기에 새로운 시대가 그에게 미소를 보냈던 것입니다.

세계 화장품 여왕에 등극한
헬레나 루빈스타인

　화장품의 명품 '헬레나 루빈스타인'은 아름다운 얼굴 선을 만들어 주는 기능성 제품과 우아하고 자연스러운 색조를 발하는 제품으로 오늘날까지 세계 여성들의 주목을 받고 있습니다. 아마도 세계 각국의 주요 도시와 유명 백화점치고 헬레나 루빈스타인의 제품들이 진열되지 않은 곳은 없을 것입니다.

　이렇게 여성용 화장품 판매 제조업체로서 가장 선구적인 지위를 확보하고 있는 헬레나 루빈스타인 회사를 설립한 이는 바로 헬레나 루빈스타인이라고 하는 작은 체구의 유태 여인이었습니다.

　헬레나 루빈스타인은 1872년 폴란드의 아우슈비츠 인근에 있는 크라쿠프라는 유태인 지역에서 태어났습니다. 가난한 유태인 가정의 여덟 자매 중에서 장녀였던 헬레나는 어릴 때부터 어머니에게 여성의 역할과 능력에 대해서 배웠습니다.

"엄마, 하나님은 공평하지 않아요."
"그게 무슨 소리니?"
"여자는 남자보다 힘이 약하잖아요."
"학교에서 무슨 일 있었니?"
"오늘 짝꿍이랑 싸웠는데 또 내가 졌어요. 왜 여자는 남자보다 약한 거예요? 너무 불공평해요."
"헬레나, 세상의 반은 여자란다. 그리고 이 세상은 단순한 물리적 힘만으로 살아갈 수 있는 게 아니란다."
"그럼요?"
"지혜가 있어야 하지. 힘만 센 사람이 지혜가 있는 사람을 이길 수는 없단다."
"네, 알아요. 얼마 전에 엄마가 성경에 나와 있는 '다윗과 골리앗'의 싸움 이야기를 읽어 줄 때 가르쳐주셨지요."
"그렇지! 그리고 헬레나, 하나님은 공평하셔서 남자가 잘할 수 있는 것과 여자가 잘할 수 있는 것을 구분해 놓으셨단다. 그렇기 때문에 여자는 여자 나름의 역할과 능력을 발휘하면서 살아야 해. 그래야 이 세상은 조화를 이루면서 아름다워질 수 있는 거란다. 그렇기 때문에 여성의 힘을 얻지 못하면 어떤 사람도 부와 성공을 이룰 수가 없단다. 엄마 말이 무슨 뜻인지 이해할 수 있겠니?"

"네. 엄마."

성공한 많은 유태인을 이야기할 때 그들의 어머니를 빼놓고 설명할 수 없을 것입니다. 즉, 지혜로운 부모 밑에서 자라는 것은 곧 성공의 밑거름이 된다는 뜻입니다.

'Jewish Mother'는 유태인의 어머니라는 뜻입니다. 그런데 이 말 속에는 여러 가지 뜻이 담겨 있습니다. 그 가운데 가장 널리 알려진 것은 '자녀 교육에 냉정할 만큼 철저한 어머니'라는 뜻입니다. 유태인 어머니는 자신이 자녀에게 훌륭한 교육자라는 긍지와 자부심을 가집니다.

유태 격언에 다음과 같은 말이 있습니다.

신은 언제 어디서나 존재하는 것이 아니다. 그래서 신은 어머니를 만드셨다.

이렇듯 유태인들에게 어머니는 하나님 다음으로 절대적인 존재라고 생각합니다. 따라서 유태인 어머니는 자녀에게 많은 영향을 미쳤는데, 어릴 때부터 일상생활 속에서 자립심과 독립심을 기르도록 가르쳤습니다.

헬레나 루빈스타인의 어머니도 마찬가지였습니다. 그녀의 어머니는 딸 헬레나에게 가장 많은 영향을 준 인물이었습니다.

어느 날 학교에서 돌아온 헬레나 루빈스타인은 일을 하고 있는 부모님께로 달려갔습니다.

"엄마 아빠, 항상 사랑해 주셔서 정말 감사합니다."
"헬레나 갑자기 왜 그런 말을 하니?"
"엄마 아빠는 쉬지도 않고 우리를 위해서 일하시잖아요."
"헬레나, 그런 생각은 할 필요 없다. 그건 부모로서 당연한 것이란다. 오히려 더 좋은 여건을 마련해 주지 못해 미안하단다."
"전 이다음에 크면 돈을 많이 벌 거예요. 그리고 꼭 부모님께 꼭 보답하고 싶어요."
"헬레나. 네 마음은 충분히 알겠다. 하지만 돈은 그렇게 막연히 벌 수 있는 건 아니야."
"네?"
"세계 곳곳에 있는 우리 유태인들이 돈을 어떻게 벌었는지 생각해 보렴."
"우리 민족이 돈을 어떻게 벌었는데요?"
"유태인의 상술에는 돈을 버는 원칙이 있단다. 그것은 바로 여자와 입을 상대로 돈을 벌라는 거야. 지난번에 얘기해 준 적이 있었지?"
"아아!"
"여자와 입을 상대로 돈을 벌어야 한다는 것은 유태인의 상술 중에서 4천 년의 공리(公理)라고 할 수 있단다. 대체로 남자는 일해서 돈을 벌어 오고, 여자는 남자가 벌어온 돈으로 생활해 나가야 하기 때문이지."

"그러니까 돈을 벌려면 여자를 연구하라는 것이죠?"

"동서고금을 막론하고 돈을 벌려면 여자를 연구하여 여자로부터 돈을 뺏어내어야 한다는 말이 있을 정도란다."

"엄마, 전 이다음에 커서 우리 고향을 떠나 좀 더 크고 발전된 나라에 가서 제 꿈을 펼칠 거예요."

"그렇지. 꿈을 가지고 있는 사람에게는 반드시 기회가 올 거야. 지금은 우리 형편이 넉넉하지 않아 네게 해줄 수 있는 것이 별로 없지만 말이야."

이렇게 해서 헬레나는 어릴 때부터 어머니에게서 '여자를 공략하라'는 유태인의 상술을 배웠습니다. 실제로, 상술이 아무리 뛰어난 사람일지라도 남자를 상대로 장사를 하려면 열 배 이상의 노력이 필요합니다. 원래 남자는 돈을 가지고 있지 않기 때문에 소비할 권한도 없으니까요.

그 후, 헬레나는 자신이 태어난 고향 폴란드는 물론이고 스위스와 오스트레일리아, 영국, 미국까지 세계 각국을 돌아다니며 시야를 넓혔습니다. 이는 상당한 재력을 보유하고 있었던 삼촌의 경제적 도움 덕분이기도 했지만 항상 뒤에서 믿어 주고 든든하게 지켜주었던 어머니가 있었기에 가능했습니다.

그러던 어느 날, 헬레나는 공부를 계속하는 것이 자신의 꿈을 이루는 데 더 이상의 도움이 될 수 없다는 생각을 하게 됐습니다.

"저, 삼촌이 계신 오스트레일리아로 가고 싶어요. 제가 어릴 때 부모님께서 해주시던 말씀을 지금껏 기억하고 있어요."

"힘들지 않겠니?"

"전 어릴 때부터 여자가 선천적으로 지니고 있는 아름다움에 대한 관심이 많았어요. 그래서 얼마 전부터 세워놓은 계획이 있어요."

"그게 뭔지 내게 말해 줄 수 있겠니?"

"화장품이에요. 친척 분 중에 효과가 뛰어난 화장품을 만드시는 분이 계시거든요. 그분의 화장품 크림을 가지고 오스트레일리아로 가려고 해요."

이렇게 해서 1903년 30세의 나이로, 헬레나는 학업을 그만두고 삼촌이 살고 있는 오스트레일리아를 향해 떠났습니다. 폴란드의 친척이 만들어준 화장품 크림 12병을 가지고.

그녀는 오스트레일리아에서 자신이 가져온 화장품 크림으로 상업적 성공을 거둘 수 있을 것이라고 확신했습니다. 그곳에서 헬레나는 조그만 미용실을 열고, 폴란드에서 보내오는 크림들을 고객들에게 무료로 나누어주며 미용 상담도 해주었습니다.

헬레나는 그 손님들의 피부 상태에 따라 성분이 다른 크림이 필요하다는 것을 알게 되었고, 고객의 피부에 맞춰 크림을 제조하였습니다.

헬레나의 화장품은 금세 유명해져서 폭발적인 판매고를 기록하게 되었습니다. 오스트레일리아에서의 성공을 발판 삼아 런던으로 진출,

1912년에는 마침내 화려한 유행의 도시 파리에 입성한 헬레나는 유럽의 주요 도시들을 차례로 점령해 나갔습니다.

제 1차 세계 대전이 일어나자 1914년에는 뉴욕으로 건너가 미용실을 열었습니다. 헬레나는 미국에서 부유층의 여성만이 쓰는 것으로 인식되던 화장품을 중산층의 여성들도 쉽게 구입해서 쓸 수 있게 바꿔놓았습니다.

그녀의 영업 포인트는 언제나 '아름답게 다시 태어나는 여성들'이었습니다. 그녀는 또한 여성 고객을 상대로 판매하는 데 여성 인력을 누구보다 효과적으로 활용했습니다. 가가호호 고객을 방문해 화장품을 직접 판매하는 방식이 그것이었습니다.

뿐만 아니라 그녀가 쌓아올린 거대한 화장품 산업은 전 세계의 패션과 광고, 신문, 잡지, 라디오, 텔레비전 등의 매스미디어 산업을 발전시키는 데도 결정적인 공헌을 했습니다.

그녀는 1965년에 93세로 파란만장한 '화장품 수퍼 우먼'으로서의 생애를 마칠 때까지 세계 화장품 산업을 호령하는 억만장자였습니다. 그런 이유로 세계 비즈니스맨들에게 있어서, 그리고 세계의 산업과 경제의 역사에서 이 작은 몸집의 여성은 지금까지도 위대한 거인으로 기억되고 있습니다.

헬레나의 성공은 무엇보다 어릴 때부터 남보다 먼저 '여자를 공략하라'는 유태인의 상술을 바탕으로 연구하도록 격려한 부모님 때문에 가능했습니다.

월스트리트의 살아 있는 신
조지 소로스

　월스트리트의 살아 있는 신으로 불리는 20세기 최고의 펀드 매니저 조지 소로스는 1930년 헝가리 부다페스트의 유태인 변호사 티바다르 소로스 가정에서 태어났습니다.

　조지 소로스의 오늘날의 성공의 밑바탕에는 그의 아버지로부터 받은 생존의 본능이 있었습니다. 그의 아버지는 제1차 세계 대전 당시, 헝가리 포로로서 러시아 차르의 폭압 아래서 갖은 고초를 겪은 끝에 간신히 살아남았습니다. 그 후에도 볼셰비키 혁명 후 벌어진 3년간의 내전에도 그는 여러 차례 목숨을 잃을 뻔한 위기를 넘겼습니다.

　소로스의 아버지는 이런 경험을 통해 남보다 먼저 위기를 직감하는 능력을 갖게 됐고, 그의 이런 능력은 교육을 통해 아들 조지 소로스에게 이어졌습니다. 그것은 훗날 조지 소로스가 엄청난 부를 거머쥐는 데 큰 영향을 미칩니다.

1944년, 헝가리가 나치의 지배를 받게 되자, 그의 가족들은 알고 지내던 사람들의 집으로 흩어져 숨어 살았습니다.

그렇게 숨어 지내는 어느 날, 소로스는 밖에 나갔다가 간신히 집으로 돌아올 수 있었습니다. 소로스의 등은 땀으로 흥건하게 적셔 있었고, 연신 거친 숨을 몰아쉬었습니다.

"아빠, 우리는 왜 이렇게 숨어 살아야 하는 거죠? 너무 무서워요!"

"무서워하지 마라. 지금의 어려움은 결코 우리의 잘못이 아니란다. 그리고 그리 오래 가지도 않을 게다."

"하나님은 왜 우리에게 이토록 어려운 일을 겪게 하는 걸까요?"

"그건 하나님께서 우리 가족을 강하게 만드시려고 하기 때문이란다. 네가 지금의 이 어려운 시절을 잊지 않고 기억한다면, 네가 어른이 되었을 때는 그 어떤 어려움과 고난도 극복할 수 있을 게다."

"저한테 뭐가 있어서 그렇게 할 수 있다는 거죠?"

"이렇게 힘들고 어려운 일을 겪고 나면 네 가슴에 생겨나는 것이 있을 게다. 그건 바로 '용기'와 '지혜'란다."

"용기와 지혜요?"

"그렇단다. 그 용기는 네게 상황에 대한 인식과 판단력, 분석력보다도 중요한 걸 줄 게다. 바로 '실천하는 힘'이란다. 용기를 잃지 않고 실천할 수 있는 사람은 이 세상에서 이루지 못할 것은 없단다."

"하지만 아빠, 난 너무 두려운 걸요. 지금 우린 힘이 없어서 이렇게 숨어 지내잖아요. 언제 죽을지도 모르잖아요."

"소로스, 네 얼굴을 보렴. 너의 얼굴에는 불안과 두려움이 가득 담겨 있어. 지금 밖에 나가면 나치들은 단번에 너를 유태인으로 알아볼 거야. 여기서 살아남기 위해서는 지금 얼굴 표정부터 바꾸어야 한다."

"어떻게요?"

"지금 우린 언제 나치한테 잡혀 죽을지 모르는 위험 속에 있지만 그것을 얼굴로 나타내어서는 결코 안 된다. 나중에 네가 회사를 다니거나 장사를 한다고 해도 자신감 없는 모습이 겉으로 드러나게 되면 너는 지는 거야. 비록 자신이 없어도 겉으로는 오히려 더 당당한 모습을 보여야 해. 소로스, 아빠 말을 이해할 수 있겠니?"

"네."

"항상 네 마음속에 하나님이 함께 하신다고 생각하면 모든 두려움은 사라질 거야. 앞으로 너에게 어떠한 일이 닥치더라도 네 표정은 변하지 않도록 해라."

나치에게 숨어 지내던 어린 시절, 늘 얼굴에 두려움과 공포를 지우지 못했던 조지 소로스가 훗날 대형 투기판에서 끝까지 포커페이스를 유지하는 냉정한 승부사, 미스터리적 인물로 불릴 수 있었던 것은 이처럼 고난을 겪는 과정에서 자신의 감정을 숨기는 법을 익혔기 때문입니다.

모든 협상 테이블에서는 감정을 철저하게 억제한 상태에서 이익만을 생각해야 합니다. 자신의 감정을 쉽게 드러내는 사람일수록 상대편의 반발을 불러일으킬 뿐 아니라, 경제적으로도 전혀 이득 될 것이 없으며, 또한 감정의 앙금을 남기게 됩니다.

소로스의 아버지는 이미 경험을 통해서 감정이 개입되면 불리하다는 사실을 체득하고 있었습니다. 따라서 아무리 억울한 일이 있어도 감정을 터뜨리는 일은 없어야 한다고 소로스에게 가르쳤습니다. 감정을 드러내기 시작하면 손해를 보게 된다는 사실을 잘 알고 있기 때문입니다.

또한, 소로스의 아버지는 돈벌이는 경제적 이익을 얻는 데 국한시켜야 한다고 강조했습니다.

언젠가 조지 소로스는 어느 기자와의 인터뷰에서 "돈은 가슴이 아니고 머리로 버는 것입니다. 사회적인 양심은 돈벌이를 방해합니다."라고 말한 적이 있습니다.

그가 한 이 말은 돈벌이에 사회적 명분이 있어야 한다고 주장하는 세상 사람들의 위선과 편견에 대한 조지 소로스의 냉소이자 비수였습니다.

"소로스, 이리와 앉아라."

"아빠. 왜요?"

"우리가 지금은 이렇게 숨어 지내지만 여기에서 벗어날 수 있는 길은 반드시 있단다."

"정말요? 저에게도 가르쳐주세요."

"지금 세상은 돈이 있어야 살아갈 수 있단다. 하지만 부자가 되려면 반드시 알아야 할 것이 있단다. 첫째는 돈벌이에 위선과 편견을 없애는 것과 두 번째는 기회가 왔을 때 반드시 놓치지 않아야 한다는 것이다."

"하지만 아빠처럼 가난한 사람을 위해 변호하는 일은 아주 값진 거잖아요. 비록 돈을 많이 벌지는 못하더라도 말이에요."

"물론 아빠가 하는 일은 그 무엇보다 중요하지. 하지만 소로스 이것은 반드시 알아야 한다. 돈에는 더러운 돈, 깨끗한 돈이란 있을 수 없단다. 무슨 일을 해서든 최선을 다해서 벌었다면 그 돈은 나름대로의 가치가 있는 것이니까."

"알았어요. 아빠."

"소로스, 돈을 버는 것보다 더 중요한 건 번 돈을 어떻게 쓰느냐란다. 특히, 유태인이라는 것을 기억하며 돈을 가치 있게 써야 한다."

이처럼 소로스의 냉소 뒤에는 자신의 일에 충실함으로써 최대의 보수를 추구해야 한다는 아버지의 가르침이 깔려 있었던 것입니다.

월스트리트에서 대약진을 하면서 조지 소로스의 운용 자산은 각종 펀드 77억 달러에 부동산 회사가 관리하는 자산 10억 달러를 더하면 실로 90억 달러에 달했습니다.

사람들은 그의 성공 비결이 정보 수집과 분석 능력 덕분이라고도 했고, 행운이 따라서라고도 했으며, 또 어떤 사람들은 남다른 직관력 때문이라고도 했습니다.

그러나 조지 소로스에게 성공을 가져다준 결정적 능력은 적절한 때를 포착했을 때 미련 없이 총을 꺼내들고 방아쇠를 당길 수 있는 능력과 절대 자신의 마음을 겉으로 드러내지 않는 냉철함, 그리고 돈에 대한 편견과 위선이 없었기 때문입니다.

물론 이 모든 것은 어린 시절 그의 아버지의 가르침이 소로스의 바탕이 되었기 때문에 가능한 것이었습니다.

틈새시장을 개척한
캘빈 클라인

현재 미국 패션을 이끌어온 가장 미국적인 디자이너를 한 명 꼽는다면 많은 패션 전문가들은 캘빈 클라인을 떠올릴 것입니다.

디자이너 캘빈 클라인은 많은 장식을 배제하고 깨끗한 재단과 실루엣, 다른 디자이너들이 관심을 기울이지 않았던 청바지와 속옷, 향수라는 틈새시장을 개척했습니다. 거기에 도발적 광고에 이르기까지 시대를 꿰뚫어보는 정확한 마케팅 전략과 과감한 개척 정신으로 〈캘빈 클라인〉은 남녀노소, 부자나 서민 할 것 없이 폭넓은 층에서 인기를 얻게 된 것입니다.

오늘날 가장 미국적인 브랜드라는 닉네임을 가질 정도로 〈캘빈 클라인〉은 미국적인 요소가 짙게 드러나 있는 제품들이 많습니다. 그것은 디자이너의 개인적인 삶에서도 엿볼 수 있는데, 무엇보다 클라인은 '아메리칸 드림'을 실현한 인물이었습니다.

캘빈 클라인은 1943년 뉴욕 브롱크스 출신입니다. 그의 아버지는 유태인으로서 뉴욕의 작은 식료품 가게를 운영했고, 어머니는 평범한 주부였습니다. 캘빈 클라인은 하루 종일 엄마와 함께 집에 있는 시간이 많았고 자연히 엄마의 옷차림이나 장신구에도 관심이 많았습니다.

"엄마, 엄마가 지금 입은 옷 편해요?"
"갑자기 그건 왜 물어보니?"
"그냥요. 너무 편해 보여요."
"클라인, 이 옷은 엄마가 처녀 시절부터 입던 아주 오래된 옷이야."
"그런데 지금까지도 입어요?"
"오래 입어도 유행을 타지 않고 낡지 않는 옷이지."
"그런 옷도 있어요?"
"해마다 많은 사람들이 즐겨 입는 옷은 예쁘긴 하지만 다음 해가 되면 금세 싫증이 나서 입기 싫어지게 되거든. 근데 이렇게 장식이 없는 옷은 화려하지 않은 대신에 싫증도 잘 나지 않는단다."
"그럼 수수한 옷은 훨씬 오래 입을 수 있는 거네요."
"물론이지. 그리고 옷은 뭐니 뭐니 해도 튼튼해야 한단다. 얼마 지나지도 않았는데 보풀이 일어나거나 해어져서 입지 못하게 되기도 하는데 엄마처럼 집 안에서 일하는 사람한테는 오랫동안 입을 수 있는 옷이 경제적이야."

"경제적이요?"

"그래. 한번 산 옷을 두고두고 입으면 그만큼 돈을 절약할 수 있거든."

어릴 때부터 다른 아이들에 비해 유난히 옷에 관심이 많았던 캘빈 클라인은 5살 때 이미 의상 스케치를 시작했고, 누나의 인형 옷을 즐겨 만들 정도였습니다. 그리고 초등학교에 다닐 무렵에는 매일같이 스케치북에 자신이 생각하는 디자인을 그리기도 했습니다.

다른 사람들은 남자 아이가 의상에 관심을 갖는 모습을 보고 좋게 보지 않았지만 캘빈 클라인의 부모는 달랐습니다.

"클라인, 누나한테 인형 옷을 만들어주는 게 재미있니?"
"네. 아빠. 나중에 엄마 아빠 옷도 만들어줄게요."
"그래. 고맙구나."
"근데, 아빠도 내가 옷 만드는 게 이상해요?"
"누가 그런 말을 하니?"
"친구들은 내가 여자 옷을 그리고 인형 옷을 만든다고 자꾸 놀려요."
"클라인. 아빠는 네가 좋아하는 거라면 그게 무엇이든지 좋단다."
"고마워요. 난 이다음에 유명한 디자이너가 될 거예요. 파리의 디자이너들처럼 말이에요. 파리는 패션의 도시라고 들었어요."
"클라인, 파리로 가는 것만이 훌륭한 디자이너가 되는 길은 아니란다. 이미 파리에는 유명한 디자이너들이 많거든. 네가 디자이너로 성공하고자 한다면 미국에서 미국 사람들이 좋아하는 옷이 무엇인지 알아야 한다."

"미국 사람들이 좋아하는 옷이요?"

"그렇지. 넌 유태인 아빠와 미국인 엄마 사이에서 태어났고, 지금은 미국에서 살고 있으니까 미국 사람들의 감정과 감각에 대해서 더 잘 알 수 있을 거야."

"그럼. 디자이너가 될 수 있나요?"

"물론이지, 클라인. 디자이너가 되는 것도 좋지만 네가 만든 옷이 사람들에게 어떻게 하면 잘 팔릴지까지 생각해야 한단다."

"네. 근데 그건 물건을 파는 사람이 생각하는 거 아니에요?"

"디자이너는 단순히 옷을 만드는 데 그치는 것이 아니라 사람들의 감정과 마음을 재단할 수 있어야 해."

캘빈 클라인의 아버지는 클라인에게 공부를 안 한다고 야단치거나 옷 만드는 것을 못마땅하게 생각하지 않았습니다. 유태인인 캘빈 클라인의 아버지는 오히려 캘빈 클라인에게 좀 더 실질적이고 거시적인 안목으로 디자이너의 꿈을 키워주었습니다. 디자이너로서뿐만 아니라 그것을 어떻게 상품화하여 돈을 벌 수 있는지 가르쳤습니다.

이러한 경제 교육이 장차 〈캘빈 클라인〉이라는 세계적인 브랜드를 탄생시켰으며, 캘빈 클라인은 엄청난 부와 명성을 한꺼번에 누릴 수 있었습니다. 그 초석을 캘빈 클라인은 이미 어릴 때 마련한 것이지요.

캘빈 클라인은 1962년 뉴욕 패션기술학교(FIT)를 졸업한 후, 5년 동안 프리랜서로 일하며 어렵게 생활했습니다. 집에 돌아오면 피곤에 지쳤지만 캘빈 클라인은 포기하지 않았습니다.

1968년, 캘빈 클라인은 친구의 아버지로부터 1만 달러를 대출받아 호텔에 있는 작은 상점을 구해 코트 기성복을 만들었습니다.

그러던 어느 날, 본위트테일러 백화점의 상품부장이 실수로 엘리베이터를 6층에서 내려 그의 코트 라인을 보게 된 것이 성공의 신호탄이 되었습니다.

그 후, 캘빈 클라인의 옷은 날개 돋친 듯 팔렸으며, 1972년 스포츠웨어 부문까지 진출했습니다. 계속해서 화장품과 향수 회사를 설립하고, 사진가 아뱅 팽과 손잡고 대담한 광고로 〈캘빈 클라인〉은 대성공을 거두었습니다. 〈캘빈 클라인〉의 충격적인 광고는 사회적인 문제로 주목받기도 하였으나 오히려 그 때문에 더 유명해질 수 있었습니다.

1982년에는 언더웨어를 제작하고, 1990년대 초부터는 여성복, 남성복뿐만 아니라 구두, 언더웨어, 가방, 수영복, 스타킹, 안경, 그리고 향수까지 젊은층에 초점을 맞춘 토털 패션을 전개했습니다.

캘빈 클라인은 자신이 하는 디자인의 이미지는 브롱크스에서의 어린 시절, 수수하지만 자신감에 넘치고 우아했던 그의 어머니의 모습을 닮았다고 말합니다.

아메리칸 스타일을 선도하여 미국 패션을 가장 현대적이고 실용적인 패션으로 대접받게 한 캘빈 클라인. 지금의 〈캘빈 클라인〉이 세상의 주목을 받게 된 것은 어쩌면 당연한 것인지도 모릅니다.

그는 1973년부터 코티상을 세 차례나 연달아 받았고, 패션의 오스카상이라 불리는 미국패션디자이너협회(CFDA)상을 여러 차례 수상했습니다. 1993년에는 사상 처음으로 남성복, 여성복 두 분야에서 동시에 상을 따내는 등 캘빈 클라인은 대중과 전문가들에게 동시에 인정받는 세계적인 디자이너가 되었습니다.

무엇보다 그의 옷은 틈새시장을 개척하여 시대 흐름과 맥을 함께했습니다. 시대의 흐름을 읽을 수 있는 눈은 어린 시절 부모로부터 길러질 수 있었습니다. 늘 '현대적'이라는 수식어가 붙어 다니는 〈캘빈 클라인〉과 디자이너 캘빈 클라인은 오늘도 세계의 패션업계를 무서운 속도로 질주하고 있습니다.

시장에 밝았던 비즈니스의 귀재
아먼드 해머

미국 최대 석유화학 기업인 옥시덴탈의 회장, 아먼드 해머. 그는 90세의 노령으로 타계하기 직전까지도 세계를 무대로 뛰어다니며 노익장을 과시했던 탁월한 경영인이었습니다. 그가 남긴 '지구가 좁다'는 말은 지금도 그를 기억하는 모든 이들에게 강한 인상으로 남아 있습니다.

1898년, 아먼드 해머는 러시아 태생의 유태인 부모 사이에서 태어났습니다. 해머의 아버지는 어릴 때부터 비즈니스에 관해서만큼은 자녀를 능력 있는 아이로 키우고자 했습니다.

해머가 초등학교를 다닐 무렵에 그의 가족은 아버지 친구의 농장으로 놀러 가는 일이 자주 있었습니다. 이는 해머에게 비즈니스와 시장에 대해서 가르치려는 아버지의 의도였습니다.

"아먼드, 오늘도 아저씨 따라서 시장에 갈 거니?"

"예, 아버지!"

"아저씨 따라가서 귀찮게 해서는 안 된다."

"이 사람아, 그런 소리하지도 말게! 아먼드가 얼마나 내게 큰 도움을 주는지 자네는 아마 모를 거야."

"이제 겨우 초등학교에 다니는 애가 무슨 도움이 된다고 그러나?"

"그렇지 않대도. 일단 시장에 가면 아먼드가 시장 안을 다니면서 가격 동향을 알아보고 내게 상세히 알려준다네. 그런가 하면 어떤 날에는 장이 파할 때까지 팔지 못한 물건은 아먼드가 시장을 한 바퀴 돌면서 싼 가격으로 팔아치우기도 해. 나중에 계산해 보면 그게 얼마나 이익이 었는지 알게 되지. 어디 그뿐인 줄 아나? 내가 가지고 가는 작물들의 적정 가격에 대한 조언까지 해준다네."

"애야, 아저씨 말이 정말이냐?"

"그럼요! 아빠가 늘 그러셨잖아요. 시장을 알아야 한다고 말이에요."

"아무렴!"

이처럼 아버지의 교육 덕분에 아먼드 해머는 어린 시절부터 시장에 밝았고, 장사 수완이 남달랐습니다.

그런가 하면 열여섯 살 되던 해에 그는 185달러를 빌려서 중고 오픈 카를 샀습니다. 걱정이 된 어머니는 그를 타이르려 했습니다.

"너 어쩌려고 이렇게 큰일을 벌인 거니?"

"어머니, 걱정하지 않으셔도 돼요."

"그럼 돈은 어떻게 갚을 생각이니?"

"처음부터 갚을 방법을 생각하고 빌린 돈이에요."

"뭐라고?"

"어떤 사탕 제조회사가 크리스마스 세일 동안 차를 소지한 배달원을 모집하더라고요. 하루 일급을 자그마치 20달러나 준대요. 엄마 생각해 보세요. 얼마 전에 포드 자동차가 종업원들한테 주는 일급을 5달러로 올린다고 해서 화제였잖아요. 그런데 일급이 20달러면 이건 엄청난 수지가 나는 아르바이트라고요."

해머는 결국 2주간의 겨울방학 동안 아르바이트를 해서 빌린 돈을 모두 갚을 수 있었습니다. 그는 이미 어린 시절부터 계획을 세우고, 계약서를 교환하고, 열심히 일하면 원하는 것을 얻을 수 있다는 비즈니스의 평범한 진리를 꿰뚫고 있었습니다.

그의 아버지는 1917년에 파트너와 공동으로 경영하던 제약회사를 매입하는데, 그 회사를 맡긴 사람은 다름 아닌 컬럼비아 대학 의학부에 재학 중인 자신의 아들이었습니다.

해머는 이때부터 성적이 가장 좋은 동급생에게 대학 강의 노트를 빌려, 낮에는 경영에 전념하고 밤에는 그의 노트를 보고 공부하는 방법으로 학생 겸 경영자의 생활을 시작하게 됩니다. 그런데 놀랍게도 해머는 채 1년이 지나기도 전에 이 회사의 매출을 10배나 급성장시켜 놓습니다.

거기엔 아먼드 해머만의 비결이 있었습니다. 눈에 띄는 샘플 케이스 개발과 높은 급료를 주는 조건으로 많은 세일즈맨을 고용했던 것입니다. 급료가 좋으면 세일즈맨이 열심히 일한다는 것을 자신의 아르바이트 경험을 통해서 일찌감치 깨달았기 때문이었습니다.

그런가 하면 해머는 금주법이 해제되는 1933년까지 약용 알코올 원료인 미국 내의 생강 공급을 독점하다시피 함으로써 막대한 이윤을 남기게 됩니다. 미국 샐러리맨의 연봉이 평균 625달러였던 이 시기에 그의 연봉은 자그마치 100만 달러에 달했습니다.

이런 가운데서도 그는 1922년에 마침내 컬럼비아 대학 의학부를 우수한 성적으로 졸업하는 기염을 토했습니다.

어린 시절부터 시장을 다니며 경제를 눈으로 직접 익힌 아먼드 해머. 그는 오늘날 세계적인 경영인으로 많은 사람들의 기억 속에 남게 된 데는 어린 시절부터의 철저한 경제 교육 덕분이었습니다.

유태인의 긍지를 지닌 CEO
어빙 샤피로

　1802년에 듀폰화약회사로 출발한 세계 최대의 화학 기업 듀폰사는 미국 델라웨어 주 윌밍턴에 본사가 있으며, 약 70여 개 나라에 83,000여 명의 종업원을 두고 있습니다.

　현재 듀폰은 의류, 생활 용품, 건축, 전자, 수송, 농업, 식품, 영양 및 보건에 이르기까지 거의 모든 산업 분야에 걸쳐 1,800여 종에 이르는 다양한 산업용 소재를 생산 판매하고 있습니다.

　그런데 전통적으로 듀폰은 록펠러와 더불어 유태인과는 상종도 하지 않는다고 공언할 정도로 자존심 강한 명문 재벌이었으며, 대대로 듀폰가의 후손만이 최고 경영자에 오를 수 있는 회사였습니다.

　그런 듀폰사가 1974년에 세상을 발칵 뒤집어놓는 인사 발령을 발표했습니다. 바로 유태인인 어빙 샤피로를 회장으로 선출한 것입니다.

어빙 샤피로는 1916년에 미니애폴리스에서 세탁소를 운영하는 유태인 가정에서 장남으로 태어났습니다. 그의 부모들은 집에서 자녀들에게 독일계 유태인의 언어인 이디슈 어 독일어와 히브리 어의 혼성어 를 쓰게 했을 만큼 전형적인 유태계 이민자들이었습니다. 특히, 샤피로의 아버지는 어린 자녀들을 불러 앉혀놓고 다음과 같은 말을 자주 들려주었습니다.

"애들아, 너희들은 세상이 우리 유태인들에게도 실력 위주로 공정하게 기회를 준다고 생각하니?"

"잘 모르겠어요, 아빠."

"원래 소수에 속하는 사람들이 다수에 속하는 사람들에게 실력을 인정받기까지는 다른 사람들보다 두 배 이상의 노력과 재능을 확인시켜 주어야 하는 거란다. 특히, 우리 유태인들에게 있어서 그 현실은 일반 사람들이 생각하는 것보다 훨씬 더 심각하단다."

"하지만 지금 우리 주위에서 보면, 유태인들 중에도 기반을 잡고 부를 누리며 살아가는 사람들이 있는 걸요."

"아무렴. 하지만 그들이 유태인임을 자랑스럽게 내세우면서도 그만큼 되기까지는 생각할 수 없을 만큼 많은 노력을 했기 때문에 가능한 거란다. 이제 너희들도 유태인 가운데에서 요직에 오른 사람이 있다고 하면, 그가 다른 사람보다 뛰어난 능력을 지녔을 뿐만 아니라 끊임없이 노력해 왔다는 사실을 기억해야 한다."

"네, 아빠!"

"너희들도 유태인으로서 성공하기 위해선, 타고난 재능 외에 성공을 위한 준비 과정이 누구보다도 치열해야 한단다."

"아빠, 전 꼭 훌륭한 유태인이 될 거예요."

"그래. 우리 민족의 긍지를 지닌 샤피로라면 반드시 성공할 수 있을 거야. 언제, 어디를 가게 되든지, 어떤 사람을 만나든지, 무엇을 하든지, 오늘 한 말을 잊어서는 안 된다. 너는 훌륭한 유태인이라는 것을 말이다."

"알겠어요. 전 유태인이라는 게 너무나 자랑스러워요."

어려운 가정 형편 때문에 샤피로 집안의 세 형제들은 교통비를 아끼기 위해 학교까지 8킬로미터나 되는 길을 걸어서 통학해야 했습니다. 그럼에도 불구하고 샤피로의 아버지는, 가장 영리하고 똑똑한 큰아들을 법대에 진학시키고자 있는 돈을 모두 투자할 정도로 교육열이 높았습니다. 덕분에 샤피로는 1941년에 미네소타 대학 법학부를 4등이라는 우수한 성적으로 졸업할 수 있었습니다.

하지만 미니애폴리스에서 샤피로를 필요로 하는 법률 사무소는 한 군데도 없었습니다. 당시 미국에서는 뉴욕이나 시카고 등 일부 도시를 제외하곤 유태인에 대한 반감이 높았습니다. 그런데 샤피로라는 이름은 그 누구라도 한 번만 들으면 그가 유태인이라는 사실을 알아차릴 수 있을 정도였습니다.

그렇다면 샤피로가 이처럼 불리한 조건 속에서 세계적인 대기업 듀폰의 CEO에까지 오를 수 있었던 비결은 어디에 있었던 것일까요? 이는 그가 자신의 분야에서 밟아 온 과정을 되짚어 보면 어렵지 않게 유추해 볼 수 있습니다.

제 2차 세계 대전이 시작되자 샤피로는 워싱턴의 전시물가통제국으로 들어갔다가, 1943년에는 다시 법무성으로 옮기게 되면서 눈에 띄는 실적을 올리기 시작합니다. 이 당시 어떤 어려운 문제가 생기더라도 일단 샤피로의 손을 거친 공소장은 정부의 입장을 옹호하는 데 유리하게 작용했습니다.

이렇게 성과를 내기까지에는 눈에 보이지 않는 곳에서 샤피로가 기울였던 노력이 있었습니다. 문제가 생기면 자신에게 주어진 일을 제대로 이해하고 처리하기 위해 관련 법률에 대해서 철저히 분석하는 것은 기본이었고, 언제 어느 때 누가 질문을 해도 막힘이 없을 정도로 정리해 두는 것도 필수였습니다.

이는 그가 어릴 때부터 아버지로부터 늘 들어왔던 말, '재능 외의 치열한 준비와 노력'을 실천하는 데 소홀함이 없었기 때문입니다.

정부 기관에서의 뛰어난 실적 덕분이었는지 샤피로는 1950년에 선배의 소개로 듀폰과 인연을 맺게 됩니다. 듀폰에서 그가 처음 맡은 업무 분야는 법무실과 중역실 사이를 오가며 변호인단의 의견을 중역들에게 전하고, 중역들의 의견을 변호인단에게 전하는 전달자의 역할이었습니다.

샤피로는 자신의 역할에 대해 자부심과 긍지를 가지고 있었습니다.

그랬기에 언제일지 모를 기회의 순간을 위해서 쉼 없이 준비하며 노력을 다했습니다.

샤피로가 입사했을 무렵 듀폰의 가장 큰 골칫거리는 반트러스트법 관련 고발 건이었는데, 이때부터 샤피로는 오로지 반트러스트법의 연구에만 거의 6주를 매달리게 됩니다. 샤피로에게 반트러스트법 분야는 처음이었습니다. 그는 먼저 법률 체계의 논리적 약점 등을 철저히 분석함으로써 법정 논쟁의 기초가 되는 부분을 거의 완전히 터득했으며, 입사 2개월이 지나자 그는 듀폰 내에서 반트러스트법에 가장 정통한 변호사가 되어 있었습니다.

그러던 어느 날 회사의 중역들이 법률에 대한 설명을 요구했을 때, 샤피로는 즉석에서 명쾌하고 논리 정연한 답변과 설명을 할 수 있었습니다. 뿐만 아니라 필요로 하는 중역들에게는 그 자리에서 그들의 입맛에 맞는 제안서까지도 작성해 주었던 것입니다.

그리고 그 잠깐의 기회에 가장 결정적이었던 것은, 샤피로가 '어떻게 하면 문제를 해결할 수 있을까.' 하는 관점에서 말하고 있었다는 점이었습니다. 샤피로의 이런 모습은 왜 문제를 해결할 수 없는지를 변명하기에만 급급한 다른 변호사들과 확연히 달랐습니다.

이후 샤피로는 점점 중용되면서 출세가도를 달리기 시작했습니다. 1970년 가을에 쟁쟁한 직장 선배들을 제치고 부사장에 오르더니, 1973년에는 신설된 부회장직에 올랐고, 다음해 1월에는 마침내 듀폰의 회장으로 취임했습니다.

"저의 부모님은 저를 대학에 보내기 위해 온갖 어려움을 참아냈습니다. 그런데 졸업과 동시에 일신상의 편리를 목적으로 저희 집안에서 선조 대대로 물려받은 이름을 버리라니, 절대로 그럴 수는 없습니다. 나 자신의 영달을 위해서 근본을 버리는 짓은 절대 용납할 수 없습니다."

〈탈무드〉의 위대한 현인의 말을 생각나게 하는 이 말은, 대학을 졸업할 때 취직을 위해 이름을 바꾸라고 권하던 법학부 교수들에게 샤피로가 했던 말입니다.

유태인이라는 긍지를 잊지 않았던 준비된 CEO 어빙 샤피로. 어쩌면 그의 아버지의 말처럼 유태인이라는 사실을 항상 기억하고 있었기에 그는 더욱 빛을 발할 수 있었을 것입니다.

긍정적 사고로 이룬 성공
피터 드러커

우리 나라의 대기업 총수나 중소기업 CEO들이 가장 많이 읽고 있는 경영서 가운데 하나가 피터 드러커 박사의 〈넥스트 소사이어티(Next Society)〉, 〈프로페셔널의 조건〉 등의 책입니다.

경영학의 대가 피터 드러커 교수는 2005년 세상을 떠났지만 그의 영향력은 실로 대단해서, 이 시대 경제인은 물론이고 각 분야의 학자들이나 일반인들까지도 드러커를 선구자로 생각했습니다. 그는 1960년대에 이미 지식사회의 도래를 예견하면서 지식작업, 지식근로자 등의 용어를 최초로 소개한 거장입니다.

그래서 사람들은 현대인들이 직면하고 있는 많은 문제들에 대해서 그가 해결의 실마리를 찾아내 주길 기대했습니다.

오늘날 '급변하고 있는 세계'는 경영학이나 정치학 등 어느 한 가지

학문만으로는 도저히 해결할 수 없습니다. 그렇기 때문에 복합적인 학문 체계를 이해하고 있는 거시적 안목을 갖춘 사람이 필요했는데, 피터 드러커는 이에 부합하는 인물이었습니다. 여러 학문에 두루 능통한 그는 학문적으로도 대중적으로도 큰 영향력을 끼쳤으며 그의 연구내용은 경영학의 초석이 되었습니다. 사실 경영학은 1920년대에 이르러서야 새롭게 시작된 학문 분야였지만, 경영자에게 인적 관리의 중요성을 일깨운 피터 드러커로 인해 경영학의 학문적 토양이 마련되었습니다.

드러커는 1909년 빈에서 태어났습니다. 아버지는 대학 교수였으며, 어머니는 프로이드로부터 의학을 공부한 의사, 할아버지는 은행가, 할머니는 슈만의 피아노 제자였습니다. 그야말로 명문가 출신이었던 것입니다.

평소 그러한 가족들을 통해 드러커는 다양한 분야의 지식과 사람들을 만나게 되면서 세상에 대한 관심과 왕성한 지적 호기심을 더욱 확장해 나갈 수 있었습니다.

"아빠, 공부를 많이 하려면 꼭 대학에 가야 하나요?"

"꼭 그렇지만은 않단다. 혼자서도 공부할 수는 있겠지. 하지만 보다 체계적이고 폭넓은 공부를 하고 싶다면 대학을 가서 공부하는 것이 효과적이란다."

"엄마, 사람은 왜 꿈을 꾸게 되는 거죠? 꿈과 현실은 어떤 관계가 있나요?"

"사람들이 꿈을 꾸게 되는 건 일상생활 속에서 축적된 기억이 무의식을 형성하게 되고, 그 무의식이 잠을 자는 동안에 나타나기 때문이란다."

"할아버지, 은행이 이자를 많이 주면 우리 생활에는 어떤 영향을 주나요?"

"일단은 사람들이 저축을 많이 하게 되겠지. 그렇게 되면 산업 발전을 위한 투자가 늘어날 테고 말이다."

"그래서 사람들이 저축을 하는 건가요?"

"그렇지. 많은 사람들이 열심히 살고 있는 건 미래에는 지금보다 더 나은 삶을 살기 위해서란다."

"할머니, 교향악이 뭐예요?"

"관현악을 위해서 만든 음악을 총칭해서 교향악이라고 한단다."

그러다 보니 드러커는 어려서부터 다양한 분야의 학문과 견문을 접할 수 있었고, 항상 또래의 아이들보다 박학하고 조숙했습니다. 그가 18세 때 쓴 함부르크 대학 입학 논문 〈파나마 운하와 세계 무역에서의 역할〉이 경제 잡지에 실릴 수 있었던 것도 그를 둘러싸고 있던 가정교육 환경과 무관하지 않았습니다.

하지만 드러커는 학생 시절부터 고학으로 공부를 해야 했습니다. 명문가였던 그의 가정이 제1차 세계 대전 당시에 독일과 오스트리아를 덮친 지독한 인플레 때문에 몰락했기 때문이었습니다.

드러커의 아버지는 어느 날 아들을 불러 앉히고 다음과 같은 말을 했습니다.

"피터, 너도 알고 있다시피 이제 우리 집안은 너의 학업을 뒷받침해 줄 경제력이 없구나."

"어떻게 해서 우리 집이 이렇게 어려워지게 된 거예요?"

"전쟁으로 인해서 물가가 계속 올라가기 때문이란다. 그것을 인플레이션이라고 하는데 당분간 인플레이션이 지속될 것 같다."

"그럼, 지금보다 더 나빠질 수도 있나요?"

"그렇단다. 하지만 반대로 다시 좋아질 수도 있어. 경제는 좋아지기도 하고 나빠지기도 하며 계속 성장하니까 말이다."

"아버지, 그럼 제가 나가서 돈을 벌게요."

"하지만 공부를 그만두는 것은 안 된다. 네가 직접 사회생활을 하면서 학교를 다니는 것이 어떠니? 물론 힘들겠지만 지금으로서는 이게 최선의 방법인 것 같다. 너에게 정말 미안하구나."

"너무 걱정하지 마세요. 제 학비는 제가 어떻게든 해결해 볼게요. 그리고 제 또래의 다른 아이들이 경험하지 못한 일들을 해보는 것도 제 장래에 큰 도움이 될 거예요."

"그래. 네가 그렇게 긍정적으로 생각해 주니 고맙구나. 너는 사실 또래 아이들보다 지나치게 똑똑하고 조숙하단다. 하지만 현실에 대한 감각 없이 지나치게 똑똑한 것은 자칫 위험할 수 있단다. 하지만 일을 해서 돈을 벌면 너에게는 경제력만 생기는 것이 아니라 그 사회 경험들이 네 정신과 지식을 균형 있게 발전시켜 줄 거야."

어려운 가정 형편으로 인해 피터 드러커는 또래의 아이들보다 좀 더 먼저 경제 활동을 시작했고, 아버지의 말처럼 가정 형편의 악화는 오히려 드러커에게 전화위복이라 할 만큼 다시없이 좋은 기회들을 제공했습니다.

이 시절에 피터 드러커는 법학부에 적을 둔 채 투자 은행의 증권 머니리스트, 프랑크푸르트의 경제지 기자 등을 하면서 실무 기회를 가지게 되었습니다.

그리고 마침내 드러커는 1931년에 졸업과 동시에 박사 학위까지 취득할 수 있었습니다. 이 고학 시절의 경험은 드러커로 하여금 학문과 실무를 병행하며 살아갈 수 있는 방법을 체득하게 해주었습니다.

그리고 그 실무 경험은 나중에 드러커가 증권 애널리스트와 경제 기자로서 컨설턴트 역할을 할 때 사상가적 깊이와 보다 폭넓은 혜안을 갖출 수 있도록 도움을 주었습니다.

어릴 때부터 다방면에 관심을 가지고 폭넓은 지식과 경제를 읽는 눈을 가질 수 있었던 피터 드러커는 마침내 경영학의 대가가 되었습니다.

이처럼 피터 드러커가 세계적 명성을 얻는 석학으로 추앙받게 된 데는 어렸을 때부터 부모님의 남다른 자녀 교육이 있었기 때문입니다.

전 세계인에게 꿈을 파는
스티븐 스필버그

"엄마, 학교에 가지 않아도 성공할 수 있나요?"

"왜 그런 말을 하니?"

"학교에 갈 시간에 내가 하고 싶은 걸 하고 싶어요."

"스티븐, 네가 정말 하고 싶은 게 뭔지 엄마한테 설명해 줄 수 있겠니?"

"네. 전 사진기를 들고 다니며 영화를 찍고 싶어요. 내가 생각하고 느끼는 것을 모두 담아서요. 학교에 꼭 가지 않아도 영화는 충분히 찍을 수 있는 거잖아요. 난 나중에 내가 좋아하는 영화를 찍으면서 돈을 벌고, 그렇게 살고 싶어요."

"무슨 말인지 알겠다. 그런데 스티븐, 네가 말하는 성공을 이루기 위해서는 어떻게 해야 할까?"

"열심히 영화를 찍어야겠지요."

"아니, 엄마가 원하는 건 그런 막연한 대답이 아니란다."

"그럼요?"

"네가 이 세상과 사람들에게 아무것도 주지 않는데, 세상이 너에게 이유 없이 부와 성공을 가져다주진 않는단다. 영화를 찍고 싶은 건 너 혼자만의 만족을 위해서가 아니지?"

"물론이지요. 많은 사람들이 내가 찍은 영화를 보고 꿈을 가질 수 있었으면 좋겠어요."

"스티븐, 영화를 만들기 위해서는 무엇이 필요할까?"

"배우, 시나리오, 사진기, 필름, 조명 등등 너무 많아요."

"그런 것을 얻기 위해서 넌 어떻게 해야 하겠니?"

"글세, 돈을 벌어야겠지요. 전 영화를 위해서라면 무슨 일이라도 할 수 있어요. 짐도 나를 수 있고, 청소도 할 수 있어요. 온갖 허드렛일을 하더라도 괜찮아요."

"그렇게 영화가 좋으니?"

"네."

"그럼 영화로 돈을 벌어서 네가 정말 원하는 영화를 만들어 보렴."

"영화를 찍어서 돈을 벌어요?"

제 2차 세계 대전 직후인 1947년 베이비붐 시대에 태어난 스티븐 스필버그는 러시아에서 미국으로 건너온 유태계 이민 3세였습니다. 그런데 스티븐 스필버그의 영화적 천재성은 어린 시절 그가 받은 가정교육과 환경에서 비롯되었습니다.

스티븐 스필버그의 어머니는 훌륭한 클래식 피아니스트였으며, 아버지 아널드는 컴퓨터 설계사이자 전기 기술자였습니다. 그러다 보니 집 안엔 언제나 아버지가 가져다 놓은 각종 컴퓨터 기재들과 소프트웨어들이 가득했고, 자연스럽게 스필버그는 아버지의 교육적 영향을 받음으로써 테크놀러지에 대한 관심이 높아질 수밖에 없었습니다.

그런가 하면 스필버그의 어머니는 그에게 음악의 세계를 통해서 무한한 상상력을 물려주었습니다. 평소에도 그는 '어머니로부터 물려받은 나의 상상력은 무한하다.'라고 말할 정도였습니다.

이러한 상상력과 환경적인 도움 외에도 스티븐 스필버그의 부모는 경제 원리에 대해서 자주 가르쳤습니다. 특히, 영화를 좋아하는 스티븐이 자칫 현실을 직시하지 못하고 이상만 좇을 것을 우려했습니다.

그의 어머니는 어린 스티븐 스필버그와 자주 다음과 같은 대화를 나누었습니다.

"스티븐, 요즘 우리 집 형편이 어떤지 알고 있니?"

"글쎄요. 잘 모르겠는데요."

"날마다 영화를 찍는 것도 좋고, 컴퓨터를 해도 좋고, 지금처럼 방 안을 온통 어지럽혀도 엄마는 괜찮아. 그건 스티븐의 스타일이라고 생각하니까. 그런데 스티븐 현실을 너무 모르면 안 된다. 특히, 무엇을 하든

숫자에 익숙해지고 능통해져야 도움이 된단다."

"하지만 전 이다음에 장사를 할 게 아닌데요?"

"장사할 때만 숫자를 들고 나오려 한다면 그 사람은 이미 숫자와는 거리가 먼 사람이며, 부와 성공과도 멀리 떨어져 있는 사람이란다."

"네. 엄마 말씀 기억할게요."

스티븐 스필버그의 어머니는 어릴 때부터 숫자와 가까워질 수 있도록 교육했습니다. 스필버그는 열두 살 때부터 영화감독이 되기로 결심하고 가족과 친구들을 동원하여 영화 만들기를 시작했습니다. 13세 때 40분짜리 전쟁 영화인 〈도피할 곳이 없는 탈출〉을 완성하고, 16세 때는 2시간 반짜리 첫 장편영화 〈열전〉을 만들어 애리조나 주 피닉스에 있는 동네 극장에서 상영할 정도로 영화에 대한 꿈은 남달랐습니다.

하지만 스필버그의 어린 시절이 꿈과 희망만으로 가득 차기만 한 것은 아니었습니다. 고등학교 시절에는 유태인이라는 이유로 다른 학생들로부터 심한 따돌림과 괴롭힘을 당해야 하는 아픈 시절도 있었습니다.

그 후, 캘리포니아 주립대학에 입학한 스티븐 스필버그는 단편영화 〈앰블런〉을 만들고, 이것이 영화 제작사의 눈에 띄어 공식적으로 데뷔하게 됩니다.

이후에 스티븐 스필버그는 영화 〈조스〉가 흥행에 성공하면서 영화 사상 최초로 1억 달러를 돌파하여 '블럭버스터' 라는 새로운 용어를 만들고, 〈인디아나 존스〉의 성공으로 할리우드를 다시 한번 흔들어 놓습니다. 그리고 1993년 아카데미 시상식에서 〈쉰들러 리스트〉로 작품상과 감독상을 포함한 8개 부문에서 상을 받아 세계적인 영화감독으로서 입지를 굳힙니다.

이처럼 세계적인 영화감독 스티븐 스필버그는 자신의 꿈과 희망을 놀라운 영화적 기술력과 탁월한 상상력으로 실현시켜 엄청난 부와 함께 명성을 누렸습니다. 그의 성공 뒤에는 어린 시절 꿈을 키워주고 항상 경제 감각을 잃지 않도록 가르친 어머니가 있었습니다.

어떠한 분야에서도 부와 연결시킬 수 있는 유태인들의 탁월한 경제 능력은 세계 어느 민족보다 월등하다고 할 수 있습니다. 그리고 그러한 경제 능력은 어린 시절 부모의 교육으로 이루어졌다는 사실을 주목해야 합니다.

돈을 쓸 줄 아는 부자
빌 게이츠

　2010년 9월 미국 경제전문지 포브스가 발표한 '2010년 미국 400대 부자' 목록에는 17년째 1위에 오른 인물이 있습니다. 현재 540억 달러 재산을 보유하고 있는 그는 1992년 36세의 나이로 63억 달러의 재산으로 이미 백만장자 서열 1위를 차지한 바 있는 마이크로소프트의 창업자 빌 게이츠입니다.

　빌 게이츠는 개인용 컴퓨터(PC)가 세계적으로 크게 성장할 거라 예상하고 컴퓨터 사용자가 간단하고 편리하게 사용할 수 있는 운영체제와 관련 프로그램을 개발하는 데 온 열정을 쏟아 부었습니다. 그 예상은 적중했고 마이크로소프트는 고속 성장을 거듭했습니다.

　30년 이상 마이크로소프트를 이끌며 소프트웨어 하나로 세계 최고의 갑부가 된 빌 게이츠는 오랫동안 세계 정보기술 시장의 독보적인 위치를 차지하고 있습니다.

아내와 함께 세계 최대의 자선단체인 빌&멜린다 게이츠 재단을 2000년에 설립해 사회적 책임을 다하고자 노력한 그는 몇 년이 지난 2008년에 자선사업에 전념하기 위해 은퇴한다는 뜻을 밝히며 스스로 마이크로소프트 경영 일선에서 물러났습니다. 물론 완전히 마이크로소프트를 떠나 생활하고 있지는 않습니다. 은퇴한 게이츠의 공식직함은 여전히 MS이사회 의장으로 불리고 있기 때문입니다.

현재 게이츠 부부는 세 자녀에게 1천만 달러만을 물려주고 나머지는 모두 사회에 기부할 뜻을 밝히며 경영자가 아닌 자선사업가의 삶을 살고 있습니다. 빌 게이츠가 많은 사람들에게 존경을 받는 이유는 나눔은 실천이라는 것을 이렇게 몸소 보여주고 있기 때문입니다.

그가 부와 성공을 사회에 환원하고 자연스럽게 나눔을 실천하게 된 것은 게이츠보다 먼저 자선활동에 앞장서 온 부모님을 보고 자랐기 때문입니다.

빌 게이츠는 1955년 미국 시애틀에서 변호사인 아버지와 교사인 어머니 사이에서 태어났습니다. 빌 게이츠의 아버지가 어렸을 때는 땔감으로 쓸 석탄이 길에 떨어져 있으면 그것을 주워서 사용할 만큼 집안 형편이 좋지 않았습니다. 또 국가에서 제공하는 학자금으로 학교에 다녀야 했기 때문에 빌 게이츠의 아버지에게 근면함은 자연스럽게 몸에 밴 정신이었습니다.

빌 게이츠의 아버지는 자녀들에게 큰돈을 물려주면 결코 창의적인 아이가 되지 못한다고 생각했습니다. 대신 돈을 어떻게 써야하는 지 스스로 관리하고 쓸 줄 아는 방법을 터득해야한다고 가르쳤습니다. 그래서 빌 게이츠는 중·고등학교 시절 스스로 용돈을 벌고 관리해야했습니다. 용돈이 떨어졌다고 해서 부모님에게 손을 벌렸다간 엄한 꾸중을 들었습니다.

"아버지, 이번 달에 친구 생일이 많아서 용돈이 부족할 것 같은데요…. 조금 보태주시면 안될까요?"
"게이츠, 네가 가진 용돈 내에서 어떻게 돈을 쓰는 것이 가장 좋은 방법인지 생각해 보았니?"
"아무리 생각해도 턱없이 부족한걸요."
"그렇다면 네가 친구들에게 해줄 수 있는 선물을 돈으로 해결하려 하지 말고 다른 방법이 있는 지 찾아보는 게 좋을 것 같구나."

게이츠는 그런 순간 아버지의 말씀이 매정하게 들리고 섭섭하기도 했지만 곧 다른 방법을 찾기 위해 생각에 생각을 거듭할 수밖에 없었습니다. 그리고 결국에는 일상에서 사소하게 소비되는 지출 목록을 줄여서 비용을 마련하거나 큰 비용이 들지 않는 다른 대안을 찾아내곤 했습니다.

아버지가 돈을 관리하고 쓰는 방법을 가르치기 위해 노력했다면 어머니는 시간을 낭비하지 않고 경제적으로 관리하는 습관을 길러주기 위해 노력했습니다.

그 중에 한 가지가 규칙적으로 식사 시간을 정한 것입니다. 아침 식사 시간이 8시라면, 가족들은 외출 준비를 모두 마치고 8시 정각에는 식탁에 앉아야 했습니다. 아침에 샤워를 꼭 해야 하는 사람은 남들보다 준비 시간이 더 필요할 것입니다. 그렇다면 남들보다 일찍 일어나야 하겠지요. 또 어떤 사람은 옷을 골라 입는 데 남들 보다 시간이 더 걸린다면 그만큼의 시간을 부지런하게 움직여야 할 것입니다.

우리는 이미 시간은 모두에게 공평하게 주어지지만 그것을 스스로 관리하고 리드하는 사람에게는 더 많은 혜택이 주어진다는 사실을 경험적으로 알고 있습니다. 게이츠의 어머니는 시간 관리의 중요성을 어렸을 때부터 깨우치고 스스로 관리하는 방법을 찾아나가기를 바라셨던 것입니다.

어릴 적부터 게이츠는 아버지와 어머니를 통해 돈과 시간을 관리하는 방법을 스스로 찾을 수 있도록 훈련이 되었습니다. 그리고 또 한 가지가 더 있습니다. 이것은 아버지, 어머니 두 분의 공통적인 가르침입니다. 선행은 어릴 때부터 배워야 한다는 신념이 바로 그것입니다.

게이츠는 어릴 적부터 지역사회에서 봉사활동을 꾸준히 실천하고 계시는 부모님을 보며 자랐습니다. 그는 나누고 봉사하는 삶을 보면서 자연스럽게 부모님을 본받게 됐습니다. 그리고 부모님이 실천하는 나눔의 봉사를 보면서 '나눔은 머릿속에 있는 것이 아니라 실천에 있다'는 확신을 가지게 됐습니다. 아이는 어른을 비추는 거울이듯 부모가 자선에 앞장서면 아이들은 자연스럽게 본받고 따르게 됩니다.

게이츠의 결혼식을 앞두고 게이츠의 어머니는 며느리 멜린다에게 다음과 같은 편지를 보냅니다.

"멜린다, 이제 곧 우리는 한 가족이 되는구나. 결혼한 지 43년이 흘렀지만 나 또한 여전히 결혼의 의미를 찾아가고 있단다. 내가 바라는 게 있다면 좋을 때나 나쁠 때에도 서로 사랑하고 소중히 여기길 바란다. 그리고 부부가 되어 보다 나은 세상을 위해 노력하며 막대한 부에 따르는 사회적 책임에 충실하길 바란다."

이 편지를 남길 당시 유방암 말기를 앓고 있던 게이츠의 어머니는 마지막까지 사회에 대한 책임의식을 강조하였습니다. 그리고 게이츠 부부는 빌&멜린다 게이츠 재단을 설립해 빈민 지역 교육환경 개선이나 치료비 지원 등으로 부와 성공을 사회에 환원하는 기부와 자선활동을 꾸준히 펼치고 있습니다.

돈을 쓸 줄 아는 부자, 빌 게이츠는 평생을 질병 퇴치와 사회봉사활동을 하다 생을 마감할 것이라고 말합니다. 그의 기부활동이 세상을 어떻게 변화시킬지, 세계 최고의 갑부에서 세계 최대의 기부자가 된 빌 게이츠. 앞으로 그의 활약이 더욱 기대되는 이유입니다.

사람의 가치를 소중히 여긴 성공
하워드 슐츠

스타벅스는 미국 시애틀에서 한 개의 소매점으로 출발해 10년 만에 세계의 커피를 제패하고 전 세계 테이크아웃 커피 열풍을 일으키며 1000년의 커피 역사를 새로 쓰고 있습니다. 전 세계 50여 개국 1만 7천여 개의 매장, 20년간 하루 평균 2개의 매장이 문을 열었던 스타벅스는 단 한 번의 광고 없이 세계 최고의 브랜드를 구축한 것으로도 유명합니다.

현재의 스타벅스를 만든 것은 하워드 슐츠이지만 그가 창업자는 아닙니다. 슐츠가 처음 스타벅스를 만난 것은 그가 스웨덴의 주방가구 회사에 재직할 때, 시애틀에서 열린 커피 시음회였습니다. 슐츠는 그때를 '신대륙을 만난 느낌'이라고 회상할 정도로 운명적인 만남이었다고 말합니다. 그는 즉시 대기업 부회장 자리를 버리고 당시에는 조그만 점포 몇 개가 다인 보잘 것 없던 스타벅스의 마케팅 담당자로 자리를 옮겼습니다. 그리고 얼마 후 전국 11개 점포, 종업원 100여명 수준인 스타벅스를 인수하며 본격적인 경영을 시작했고 지금의 세계적인 커피 기업이 탄생하게 되었습니다.

최고경영자(CEO) 하워드 슐츠는 스타벅스의 성공에 대해서 "단순히 커피만을 팔았다면 오늘의 스타벅스는 탄생하지 않았을 것입니다."라고 단호히 말합니다. 그는 사람과 사람을 이어주는 편안하고 안정된 공간을 팔았기 때문에 가능한 일이었다고 합니다.

스타벅스 브랜드가 제공한 편안함과 안정된 공간은 하워드 슐츠의 '사람 중심 경영철학'과 맞닿아 있습니다. 슐츠의 '사람 중심 경영'은 모든 직원에게 스톡옵션을 제공하고 정식직원이 아닌 파트타이머들도 의료보험 혜택을 주는 것으로 잘 알려져 있습니다. 그런 종업원들이 회사를 위해 열정을 다 바치는 것은 어쩌면 당연한 결과라고 봐야할 것입니다.

대표적인 자수성가형 CEO로 전 세계 많은 사람들에게 귀감이 되고 있는 하워드 슐츠는 1953년 뉴욕의 빈민가에서 태어났습니다. 슐츠는 생활고에 시달리며 의료보험 혜택조차 받지 못한 어린 시절을 보냈습니다. 트럭 운전기사였던 아버지는 가난한 노동자였습니다. 그런 아버지마저 폐암으로 세상을 떠나자 슐츠의 집은 더욱 가난해졌습니다. 하지만 어머니는 성공한 위인들의 삶을 들려주며 어려운 환경에 굴하지 말고 꿈과 희망을 품고 무엇이든 열심히 노력하라고 당부했습니다.

"슐츠, 내가 루즈벨트 대통령에 대해서 얘기를 들려준 적이 있었니?"

"아니요."

"음… 루즈벨트 대통령은 소아마비를 앓았단다. 하지만 불굴의 의지로 신체적인 장애를 뛰어넘었고 편견에 당당히 맞서 대통령의 자리에 올라설 수 있었단다. 그것도 한번이 아니라 많은 국민들의 지지를 얻어 네 번이나 대통령에 당선되었어. 좌절하고 실망하기보다는 목표를 가지고 희망을 안고 살아가는 것은 무엇보다도 중요하단다."

"네, 어머니."

"네 스스로 할 수 있다고 믿는 것이 중요하단다. 슐츠, 세상에는 너 자신을 믿고 열심히 하면 불가능한 꿈은 없다는 것을 기억하렴. 어려운 환경을 탓하지 말고 스스로 너의 삶을 개척하고, 너의 선택으로 네 삶이 풍요로워질 수 있도록 노력하길 바란다. 루즈벨트가 그랬던 것처럼, 알겠지?"

어머니가 들려주시던 위인들의 삶을 통해 슐츠는 자신의 삶을 스스로 개척하기 위해 노력해야겠다고 다짐하게 되었습니다. 그리고 그 다짐은 첫 번째 목표를 세우는 계기가 되었습니다. 그 목표는 바로 자신이 살고 있는 빈민가를 탈출해 빈곤으로부터 벗어나는 것이었습니다.

"어머니, 저 미식축구를 할 거에요!"

"미식축구? 네가 운동을 좋아하는 것은 알고 있었지만 갑자기 미식축구라니…"

"미식축구 장학생으로 대학에 진학할 생각이에요. 이곳을 벗어나지 못하면 전 아무것도 할 수 없을지도 모른다는 생각이 들었어요. 새로운 곳에서 제가 할 수 있는 일을 찾을 생각이에요."

"슐츠, 네가 그런 목표를 갖게 되었다니 축하할 일이구나. 네 스스로 선택한 결정을 이 엄마는 믿는단다. 그리고 네가 가난하다는 이유로 누리지 못했던 수많은 것들을 기억해서 힘이 있는 사람이 됐을 때, 사람을 가장 중요하게 생각하길 바란다. 사람의 가치는 그 어떤 것으로도 얻을 수 없다는 점을 명심하렴."

슐츠의 첫 번째 목표는 노먼 미시간대 입학으로 달성되었습니다. 빈민가의 소년이 스타벅스 CEO가 된 것은, 스스로를 믿고 열심히 하면 불가능한 일은 없다는 어머니의 가르침이 있었기 때문에 적극적으로 자신의 삶을 개척할 수 있었습니다. 어머니의 가르침을 긍정적으로 받아들인 슐츠의 마음 또한 그러한 성공을 가능케 했습니다.

슐츠는 자신이 경험했던 가난의 무게를 알기 때문에 약자에게도 공평한 기회를 주려고 노력하는 기업인이 되었습니다. 처음 하워드 슐츠가 스타벅스에서 일주일에 22시간이상 일하는 모든 직원들에게 건강보험을 제공하자는 의견을 냈을 때, 이사회는 높은 비용을 고려해 반대했습니다. 하지만 슐츠는 자신의 가난했던 경험을 떠올려 더 나은 복지는 더 좋은 서비스를 제공할 것이라는 스스로의 판단을 믿었고 숱한 반대를 무릅쓰고 이사회를 설득했으며 결국 직원들에게 보험혜택이 돌아갔습니다. 이후 직원들은 회사에 자긍심을 갖고 일했으며 보다 나은 서비스를 제공하기 위해 노력했습니다.

스타벅스의 성공은 스스로를 믿으면 불가능한 일은 없다고 생각했던 슐츠의 사람중심 경영과 그에 화답하는 직원들의 열정이 만들어 낸 합작품이라고 할 수 있습니다. 그리고 슐츠는 힘 있는 사람이 되었을 때, 사람을 가장 중요하게 생각하기를 바랐던 어머니의 뜻을 여전히 마음에 품고 있습니다.

| 지은이의 글 |

  전 세계 곳곳에 살고 있는 유태인의 비율은 세계 인구의 0.2~0.25%에 지나지 않는다고 합니다. 유태인들은 이렇게 소수에 불과하지만 인간의 역사가 시작된 이래로 수많은 인재를 길러냈으며 그 인재들이 지금껏 세계를 움직여 왔다고 해도 과언이 아닙니다.

  특히 유태인들은 경제 분야에서 두드러진 업적을 보여 왔는데, 그들의 성과를 한눈에 확인할 수 있는 좋은 예가 있습니다. 1901년부터 현재까지의 노벨 경제학상 수상자들의 면면을 살펴보면 놀랍게도 수상자의 약 65%가 유태인이라는 것입니다. 이것만 보아도 유태인들이 세계 경제에 미치는 영향력이 얼마나 큰 지 충분히 알 수 있습니다.

  최근 미국에서 실시된 세대별 소득 조사 결과에 따르면, 유태인 세대의 소득은 미국 전체 평균 가구 소득의 2배 이상이라고 합니다. 그뿐만이 아닙니다. 미국 전체 인구 중 유태인이 차지하는 비율은 2%를 간신히 넘기는 약 580만 명에 불과하지만, 미국 최상위 부호 400가구만 추려놓고 보면 그중 유태인이 차지하는 비율은 자그마치 23%나 됩니다. 조사 표본집단을 최상위 부호 40가구로 좀 더 한정해놓고 보면, 그 부호들 가운데 유태인의 비율은 무려 40%에 달합니다.

또 〈포춘〉지가 선정한 세계 100대 기업 소유주의 30~40%, 미국 상원 의원의 10%, 세계 백만장자의 20%, 아이비리그 대학 교수들의 30% 정도가 유태인이라는 통계까지 나와 있으니, 사회 각계각층의 권력이 집중돼 있는 높은 자리에 앉아있는 유태인의 수에 감탄하지 않을 수 없습니다.

이렇게 유태인들이 경제 감각이 뛰어나며 부유한 이유는 무엇일까요? 그것은 바로 자녀가 어렸을 때부터 올바른 경제관념과 습관을 기를 수 있도록 환경을 조성해 주었기 때문입니다.

우리나라 사람들처럼 '돈이란 멀리 해야 하는 것', 하지만 '부는 축적하면 좋은 것'이라는 이중적인 잣대가 아니라, 가정에서부터 일상생활에 이르기까지 유태인들은 자연스럽게 경제적 관념과 경제 논리를 몸소 체험하고 있습니다. 사람이 생명을 유지하기 위해서 공기를 호흡하듯 유태인들은 성장하는 과정 중에 체득한 경제 원리를 실생활에 적용해 가며 살아갑니다.

그런 유태인들이 오늘날 세계 경제를 지배하고 있다는 사실은 조금도 이상할 것이 없습니다. 그들은 수천 년 동안 자신들의 삶에 끊임없이 따라 붙던 시련과 역경을 극복하는 생존의 한 방법으로 경제 논리와 비즈니스

마인드를 개발해 왔고, 그것들을 유태인의 역사와 전통과 교육 속에 용해시켰습니다.

이 책에서는 유태인들이 세계 경제의 리더로 성장하게 된 교육적·역사적 배경이 무엇인지를 분석하고, 그것을 토대로 유태인식 경제 교육을 우리의 자녀 교육에 활용할 수 있도록 여러 가지 방법론으로 제시해 보았습니다. 유태인들의 일상생활과 자녀를 교육하는 방법 속에서 그들이 어떤 식으로 경제를 말하고, 어떻게 경제 행위를 가르쳐주는 지 면밀히 살펴보고자 합니다.

유태인들의 경제 교육방식을 찬찬히 들여다보면서 현재 우리 가정에서는 어떤 경제교육이 이뤄지고 있는지 되돌아보고, 자녀에게 올바른 경제 주체로서의 역할과 경제관념을 심어주려는 경제 교육이 있는지 점검해 보는 시간을 가졌으면 좋겠습니다. 모쪼록 이 책이 우리나라에 올바른 경제 교육을 뿌리내리게 하는 작은 기회가 되기를 바랍니다.

문미화